有效的学校改进
理论探讨与案例分析

Effective School Improvement
Theoretical Exploration and Case Analysis

赵德成 编著

大夏书系·学校领导力

华东师范大学出版社
全国百佳图书出版单位
·上海·

图书在版编目（CIP）数据

有效的学校改进：理论探讨与案例分析 / 赵德成编著 . —上海：华东师范大学出版社，2022
ISBN 978-7-5760-2761-7

Ⅰ.①有… Ⅱ.①赵… Ⅲ.①学校管理—研究 Ⅳ.① G47

中国版本图书馆 CIP 数据核字（2022）第 052057 号

大夏书系·学校领导力

有效的学校改进：理论探讨与案例分析

编　　著	赵德成
责任编辑	任红瑚
责任校对	杨　坤
封面设计	淡晓库

出版发行	华东师范大学出版社		
社　　址	上海市中山北路 3663 号	邮编	200062
网　　址	www.ecnupress.com.cn		
电　　话	021-60821666	行政传真	021-62572105
客服电话	021-62865537		
邮购电话	021-62869887	地址	上海市中山北路 3663 号华东师范大学校内先锋路口
网　　店	http://hdsdcbs.tmall.com/		

印刷者	北京密兴印刷有限公司
开　　本	700×1000　16 开
插　　页	1
印　　张	14.5
字　　数	194 千字
版　　次	2022 年 5 月第一版
印　　次	2022 年 5 月第一次
印　　数	6 100
书　　号	ISBN 978-7-5760-2761-7
定　　价	58.00 元

出版人　王　焰

（如发现本版图书有印订质量问题，请寄回本社市场部调换或电话 021-62865537 联系）

目录 CONTENTS

序　言 　　　　　　　　　　　　　　　　　　　　001

第一篇　学校改进是什么及怎么做

　　理论是解释性的，也是规范性的。对学校改进进行理论上的探讨，既能构建一个概念框架，使人们对学校改进的认识更深刻，又可提供多样化的实施模式，将复杂的学校改进工作简单化、程序化和模式化。

第 1 章　如何理解学校改进　　　　　　　　　　　 003
第 2 章　学校改进模式　　　　　　　　　　　　　 016
第 3 章　有效的学校改进　　　　　　　　　　　　 032

第二篇 学校改进最佳实践案例分析

"以铜为镜，可以正衣冠；以史为镜，可以知兴替；以人为镜，可以明得失"，剖析学校改进领域的最佳实践案例，可以从中借鉴改进学校工作的思路与方法。

第4章	现代学校治理视野下的未来发展规划	051
第5章	减员增效：干部领导力提升的关键	065
第6章	谁来当教研组长	081
第7章	绩效工资改革：是机遇还是挑战？	093
第8章	什么样的教师是好教师	110
第9章	以学评教，教学相长	127
第10章	四季公园课程的开发	141
第11章	歌声里的彩虹	155
第12章	课间十分钟	169
第13章	如何处理校园伤害事故	181

第三篇 最佳实践案例的生成与应用

不是每所学校都能贡献出可以推而广之的最佳实践。学校改进最佳实践案例需要理论联系实际，既在理论上提炼出学校改进的规律，又能在欣赏式探究、标杆管理及案例教学中发挥积极作用，启发更多的中小学管理者在实践中有效解决类似问题。

第14章	最佳实践案例的生成	197
第15章	最佳实践案例的应用	209

序 言

一

我有一个梦想,这个梦想最初是模糊的,但随着有关研究的深入展开而逐渐清晰。

1989年高考结束,我在填报志愿时,第一志愿填报了北京师范大学教育系。当时的想法是毕业后用自己的教育智慧改变学校,让学生特别是处境不利的学生能享受到良好的教育。大学本科毕业后我如愿成为一名教师,在一所中等师范学校讲授教育学、心理学等专业课程。我不仅教学生理论知识与实用技能,而且注重培养学生的仁爱之心与教育情怀,绝大多数学生毕业后扎根基础教育,有几个现已成长为特级教师。

2005年,我从北京师范大学发展心理研究所博士毕业,留校在教育管理学院工作,继续研究中小学教育,主攻方向是中小学学校管理。当时,教育管理学院与教育部小学校长培训中心是"一个机构,两块牌子"。作为教师,我和同事们不仅要承担研究生教学与指导的任务,而且经常参与针对中小学校长、副校长及中层干部的培训工作。在培训中,组织者精心设计每一个班的培训课程,邀请全国知名专家授课,同时做好各种支持与服务,所以培训对象对培训的整体满意度很高。但我们也注意到,有些管理者"听了激动,看了感动,回去却一动不动",也就是说,培训尚未充分激发中小学管理者的行为改变,对于促进学校管理变革与整体质量提升的影响相对有限。

进一步分析，发现导致这种问题的原因来自两方面。一方面，中小学管理者在一定程度上存在着"理论无用"的观点。持这种观点的人认为，理论是对事物本质与规律的概括，高高在上，比较抽象，而管理是一门实践的学问，中小学管理实践复杂多变，难以按某种理论模式简单地推动变革，所以有些管理者或直接或委婉地拒绝理论，有些管理者虽不拒绝理论，但只是用理论来"解释"或"装饰"自己的实践经验；另一方面，有些专家学者坐在书斋里做学问，理论脱离实践，心中却存在一种"理论傲慢"，经常带着一些先入为主的理论模式去指导中小学做学校改进，对实践的多样性与复杂性关照不够，加剧了实践层面对理论的抗拒。简而言之，理论与实践之间存在着微妙的隔阂，甚至是不可逾越的鸿沟。

怎么办？我萌生了一个想法，想写一本能在理论与实践之间架设起沟通桥梁的学校管理学教材。这里的逻辑很简单。要想深入促进中小学的管理变革，必须提高中小学管理者的理论水平，这样他们才能用理论反观实践，发现并解决实践中的问题。但可供中小学管理者阅读的有关中文著作或教材比较少，且多数著作或教材由专家学者编撰，理论分析较多，对中小学管理实践中真实而具体问题的关注不够，可读性与启发性都亟待提升。于是，我积极参与了多本有关教材的编写，在其中也投入了不少时间与精力，然而，要让一部多人合作的教材消弭理论与实践之间的隔阂，做到理实相融，同生共长，其难度不言而喻。

2008年，受新疆维吾尔自治区巴音郭楞蒙古自治州巴州石油一中委托，我带领一个专家团队指导该校开展"塔里木油田职工子女教育研究"，全面分析和改进该校工作，以提升学校教育质量，增强学校的吸引力。调研发现，制约该校发展的核心问题是教师激励。由于该校是一所由企业移交给地方的公办校，校内存在移交职工、地方带编教师、合同工教师、代课教师以及其他多种不同的用工形式，而不同用工形式的教师在工资发放体制和收入水平上差异很大，存在"同工不同酬"的问题，很大程度上影响了教师工作积极性。在专家团队指导下，该校首先减少教师用工形式，并在《义务教育学校实施绩效工资指导意见》政策框架下启动绩效工资改革，建立多劳多得、优绩优酬的工资激励制度，激发教师工作热情；然后，聚焦教学，推动生本教学改革，推行"先学交流—合作研讨—再学提升"生本教学模式，引导教师转变教学方式，提高教学实效。经过多年的努力，巴州石油一中发生了令人瞩目的变化，不仅学生的学业成绩稳步提高，在地区性统考中名列前茅，而且学生的参与意识、合作能力、批判性思考能力等核心素养也有明显的提升，得到家长、同行和专家的广泛认可。

巴州石油一中学校改进项目的成功带给我们很多启发。我们深刻地意识到，中小学管理者需要培训，但他们更需要的是进入学校现场的改进指导。当专家学者与中小学管理者共同分析解决实践中的真问题，理论有了与实践对话的机会，就能在应对多样性与复杂性的过程中实现创新，实践就能在理论的启发下有序地展开探索，而不是盲目地行动。学校改进在理论与实践之间架起桥梁，使两者相互滋养，相融相生。在学校改进现场，各种理论不仅得以应用与检验，也在实践的滋养与启发下得到了进一步的修正、拓展和提升。

此后，除受邀参与不同机构主持的校长专业发展与学校改进项目，我也受多个地市教委委托主持了多个学校改进项目。改进主题涉及未来发展规划、学校文化建设、学校特色发展、课程体系建设、教学方式变革、教师研训体制、教师绩效工资、家校关系等多个方面，其中指导时间1年以上，指导力度大且收效良好的学校已超过50所。随着学校改进经验的增长以及有关理论思考的逐步深入，我的"梦想"也变得越来越清晰。从改变学校到改进中小学管理，从写一本有关学校管理的教材到编一本有关学校改进的案例分析著作，我想把近年来指导中小学开展学校改进的成功案例整理出来，加上相关理论分析，形成一本针对中小学管理者，能启发他们、助力他们提升领导力的著作。

这是本书撰写的缘起与出发点。

二

本书名为《有效的学校改进：理论探讨与案例分析》。顾名思义，本书聚焦于有效的学校改进，从理论与实践两个层面对其进行深入的探讨。那么，何谓有效的学校改进？有效的学校改进要能解决学校曾面临的重大问题，在整体上促进学校的发展，至于它实际解决了什么问题，在哪些方面促进了学校的发展，取决于学校改进项目的具体设计。概括而言，学校改进的有效性可体现在以下三个方面。

（一）质量提升

不断提升学校质量，是学校改进与发展的永恒主题。早在1991年，原国家教委颁布《普通中小学校督导评估工作指导纲要》（教督[1991]1号），这是我国改革开放以来颁布的第一份有关学校督导评估工作的文件。文件指出，中小学的督导评估要从办学方向、学校管理、教育质量与办学条件等四个维度上展开，其中教育质量反映了学校办学的成效，是不可或缺的一个维度。此后颁布的很多政策，比如《教育部关于推进中小学教育质量综合评价改革的意见》（教基二[2013]2号），又如《国家中长期教育改革和发展规划纲要（2010—2020年）》，无一不在强调教育质量，希望每一所中小学扎实推动各项工作，为学生提供优质的教育。

党的十八大以来，中共中央和国务院高度重视基础教育发展，颁布了多份有关文件，不仅进一步强调教育质量，而且重申落实立德树人的根本任务，用全面发展的教育质量观指导学校改进。2019年，中共中央、国务院颁布《关于深化教育教学改革　全面提高义务教育质量的意见》，提出"发展素质教育，培养德智体美劳全面发展的社会主义建设者和接班人"，明确将"劳"纳入人才培养目标之中，强调劳动思想、劳动品质，以及生活与职业技能的重要意义，丰富了教育质量的内涵。2020年，中共中央、国务院印发了《深化新时代教育评价改革总体方案》，强调在学校评价中把立德树人成效作为重要标准，"坚决克服重智育轻德育、重分数轻素质等片面办学行为，促进学生身心健康、全面发展"。

由此可见，有效的学校改进要在德智体美劳中的一个或多个方面，乃至所有方面取得积极成效，特别是在当前相对薄弱，亟待更多关注的德育、体育、美育或劳动教育方面。当然，一所学校在发展与改进过程中不可能什么都抓，面面俱到的结果可能是什么也抓不好。正如《教育部关于全面深化课程改革 落实立德树人根本任务的意见》(教基二[2014]4号)所倡导的那样，学校既要注重全面，促进学生的全面发展，又要抓住重点，着重培养对个人终身发展和社会进步具有重要影响的必备品格与关键能力，在核心素养培育上有所突破。这在国际竞争日趋激烈、知识经济飞速发展的今天，具有重要的时代意义。

（二）促进公平

教育公平是社会公平与正义的重要基础，是我国基础教育改革和发展中一项具有全局性、战略性的任务，是中小学长期奋斗的目标。在宏观上，教育公平要确保适龄儿童、青少年享有同等的受教育权利和机会，享有同等的公共教育资源服务，并向社会弱势群体适度倾斜，让每一个孩子不因处境不利在发展中受到阻碍；而在微观上，教育者应同等地对待每个受教育者，尊重、关怀、支持每一个学生，让每一个学生不因民族、性别、外貌、身体残障等因素而受到歧视。

进入21世纪以来，《国家中长期教育改革和发展规划纲要（2010—2020年）》、十九大报告等一系列方针政策，都将推动义务教育均衡发展、促进教育公平作为政府公共服务的战略重点。"两免一补"（2001）、"特岗教师"（2006）、"免费师范生"（2007）等相关政策陆续实施，农村中小学远程教育工程（2003）、农村寄宿制学校工程（2004）等系列重大工程也相继启动。

这些举措统筹教育资源分配，为农村偏远地区、贫困地区和薄弱学校提供倾斜性支持，在宏观上增进了入学机会、教育过程，乃至教育结果上的公平。但值得注意的是，在微观层面，在中小学内部，针对贫困生、留守儿童、随迁子女、回流儿童（在父母工作的城市出生和长大，但因流入地中高考政策不得不回到流出地就读的儿童）的补偿性公平，以及针对残障儿童、学困生、英才儿童的差异性公平，仍亟待更多的关注与改进。

每一个孩子都重要。每一个孩子都有权利获得公平的教育。学校要关注与回应每一个学生的正当发展需求，让每一个学生都能充分发挥自己的潜能。英国国家教育标准局在促进学校改进的过程中会特别关注针对如下群体的微观公平：残障儿童、男生、女生、高分学生、低分学生、母语非英语的学生、少数族裔学生、来自移民或旅游家庭的学生、有病在身的学生、经济处境不利学生、需要照顾他人的学生、年长学生、持不同宗教信仰的学生、曾经有违法前科的学生、早孕学生，以及其他各种弱势群体。

在我国，中小学在规划、发展和改进过程中也要有意识地关注微观公平，使每一类学生，乃至每一个学生不因自身难以改变的因素而在发展中受阻或受到不公平对待。

有学者曾呼吁，教师要平等地尊重每一个孩子，要在课堂上给每个孩子平等的参与机会，要根据个体差异给学生以差异性教育，特别是对弱势孩子给以补偿性教育，这些建议为中小学推动微观教育公平提供了新的思路。我们期望中小学在改进教育公平上做更多的探索，产生更具实效性的最佳实践案例。

（三）激发活力

中小学要为学生提供优质而公平的教育，同时还要不断改进内部管理，建立现代学校制度，推动学校治理现代化，以增强可持续发展的活力。2020

年，教育部等八部门发布《关于进一步激发中小学办学活力的若干意见》(教基[2020]7号)，提出要破除利益固化藩篱，协同各相关部门力量，形成有效工作合力，为最大限度激发中小学办学活力创造有利条件，以"充分激发广大校长教师教书育人的积极性创造性，形成师生才智充分涌流、学校活力竞相迸发的良好局面"。

要切实激发中小学办学活力，很多人首先想到的是转变政府职能，深化"放管服"改革，明确政府与学校的权责边界，扩大与落实学校在教育教学、人事管理及经费使用等方面的办学自主权。这些外部制度的改革为学校发展提供了支撑与保障，但实际上，学校的办学活力能否在根本上得到激发，在很大程度上还取决于学校内部管理的改进。中小学要发扬管理民主，推动治理现代化，健全决策机制，让教师、学生、家长等不同利益相关者有机会参与重大事务的决策，增强主人翁意识；要加强文化建设，用共同愿景与办学理念引领人与凝聚人，构建积极进取、奋发有为、团结和谐的学校文化；推动教师绩效工资改革，打破"大锅饭"，建立多劳多得、优绩优酬的劳动分配制度，并向教学实绩突出的一线教师与班主任倾斜；加强人文关怀，耐心倾听教职工的心声，及时响应教职工的诉求，关心每个人的发展，提升教职工的成就感与幸福感。

在内部管理上，学校不可能十全十美，都或多或少存在一些亟待改进的地方。改善学校内部管理，完善学校管理体制、机制、制度、流程、方式方法，促进学校治理现代化，激发学校办学活力，是学校改进的重要内容，也是学校改进有效性的重要体现。

总之，学校改进致力于改善学校各项工作，建设更高质量、更加公平、更富活力的学校。有效的学校改进要在质量提升、促进公平或激发活力等方面取得积极成效，为其他中小学提供可资借鉴的经验。这是学校改进的重要目标，也是甄选学校改进最佳实践的重要标准。

三

本书不是一本纯粹的理论性专著，也不是一本简单的案例集。我真诚地希望它能在理论与实践之间架设一道沟通的桥梁，做到理实相融。

全书共 15 章。其中，第 1~3 章从理论上探讨了学校改进的内涵、特征及模式。传统意义上，学校改进通常被定义为以提升学生学习成绩、促进学生发展为目的，聚焦教学与支持性条件改善的持续努力。而在本书中，我们采用相对宽泛的理解，将学校改进定义为"由学校整体推动实施，持续改进教学、管理或相关条件，促进学校更好达成发展目标的复杂活动"。在这种广义的框架下，学校改进不再局限于优化教学、促进学生学习与发展、提升学校教育质量的活动，旨在推动教育公平和激发学校活力的工作也被纳入学校改进范畴。如上所述，学校改进的有效性可以体现在质量提升、促进公平以及激发活力等多个方面。只要学校改进切实在一个或多个方面有效促进了学校变革，带动了学校整体发展，贡献出可以在一定范围内推而广之的核心经验，就是有效的学校改进，就是最佳实践。

第 4~13 章分析了十个学校改进最佳实践案例。这些案例均来自北京市昌平区委教工委、昌平区教委、昌平区教师进修学校委托北京师范大学开展的"创新昌平·卓越校长领导力诊断与提升"项目。在这个项目中，专家团队对参与校长的领导力表现进行了 360° 诊断性评估，并指导校长基于领导力评估中发现的问题，在学校开展有针对性的行动研究，改进学校工作。这些学校改进行动研究在内容上涉及学校发展的多个方面，既包括具有全局性影响的未来发展规划、干部队伍建设、教师人力资源管理等，也涵盖与师生发展密切相关的课程、教学、课间休息、校园伤害事故等具体问题。从改进方案设计到实施，从实践总结到案例写作，专家团队都给以精心、细致的指导，从而确保每个实践都真实有效，每个案例都富有故事性与启发性，为各级各类中小学管理者改进学校工作提供有益的借鉴。本书在呈现每所案例学校最佳实践的同时，还对案例进行专业点评，使有关探讨更加深入。

第14~15章希望在理论与实践之间进一步搭建沟通桥梁，讨论了学校改进最佳实践案例的生成与应用。最佳实践案例的生成要求管理者不仅要具有问题意识、研究能力与实事求是的态度，还要善于专业表达，讲好改进故事，为案例的传播与应用创造条件。最佳实践案例可以应用于中小学的欣赏式探究和标杆管理，也可以在管理者培训中转化成教学案例，推动案例教学，有效促进管理者领导力的提升。

书稿由理论工作者与实践工作者合作完成。我作为理论工作者撰写了本书的第1篇和第3篇。在第2篇中，"创新昌平·卓越校长领导力诊断与提升"项目的10位项目学校校长作为实践工作者，撰写了10个学校改进最佳实践案例。第4~13章中10个案例的作者依次是李立荣、刘忠武、胡长红、赵彩霞、张庆民、徐雪莲、王洪燕、王涵、周晓芳和张子路。我为每个案例撰写了导言与点评。

在书稿写作中，我们既注重学校改进理论探讨的严谨性，又强调实践案例故事的吸引力，期望本书可以增进学校改进领域专家学者与中小学管理者之间的对话，催生出更多更富创造性的学术观点与实践探索，推动中小学管理的深入变革。

本书能成功出版，是多方协作努力的成果。衷心感谢提供最佳实践案例的中小学校长，你们以研究者姿态实施学校改进行动研究，讲述发生在学校现场的鲜活故事，贡献在新时代推动学校改进创新的管理智慧；感谢周瑶、曹宗清、李冠宇、张颖怡和王萌等研究生，你们协助校长们在行动研究中收集与分析数据，还参与了书稿的整理、校对和修改，使书稿得以高效完成；感谢华东师范大学出版社北京分社的编辑任红瑚女士，您在选题策划和书稿写作过程中给我提出宝贵的建议，为本书最终面世倾注了很多心力。感谢所有为本书出版做出贡献的人，也特别感谢各位读者的支持。您若对本书有什么意见和建议，欢迎发邮件联系我，zhaodecheng@bnu.edu.cn。

2021 年 3 月于北京师范大学

第一篇

学校改进是什么及怎么做

理论是解释性的,也是规范性的。对学校改进进行理论上的探讨,既能构建一个概念框架,使人们对学校改进的认识更深刻,又可提供多样化的实施模式,将复杂的学校改进工作简单化、程序化和模式化。

第1章　如何理解学校改进

正式的学校组织一旦形成，学校改进活动也就会随之发展起来。但正式的、系统的、严格意义上的学校改进通常被认为肇始于20世纪70年代末、80年代初[1-6]，至今仅有40多年的历史。对学校改进的历史进行简要的回顾，分析不同历史时期人们对学校改进的定义方法，可以帮助我们更加深入地理解学校改进的内涵与外延。

从有效学校运动说起

1966年，科尔曼（James S. Coleman）和其他几位学者收集了美国4000所中小学的数据，探讨各种变量对学生学业成就的影响，最后发表了《教育机会均等》报告，指出影响学生学业成就水平的最重要因素是学生的家庭社会经济地位，学校因素只能解释学生成就差异中很小的一部分。[7]1972年，詹克斯（Christopher Jenks）等人对科尔曼等人所收集的数据进行了再分析，得出相似的结论，在控制了学生家庭背景和认知技能之后，学校对学生学业成就的影响非常小。[8]这些研究报告的发表在美国乃至全世界范围内引发了广泛而持久的争论。

很多学者在对上述报告提出质疑和批评的同时，还积极推动准实验研究和其他类型的实证研究，力图证明学校可以通过改进提升学生的测试成绩，学校在学生学业发展中具有不容忽视的积极作用。于是，有效学校运动开始兴起。埃德蒙兹（Ronald R. Edmonds）是有效学校运动的奠基人和代表性人物。埃德蒙兹在美国多个城市位于低收入地区的学校中收集小学生学业成就数据，从中找出阅读和数学成绩高于该市同年级小学生平均水平的有效学校，然后将这些低收入地区的有效学校与非低收入地区的有效学校、非有效学校进行比较，发现低收入地区的有效学校具有一些共同的关键特征，包括：[9]

- 强有力的学校领导
- 对学生抱有高期望
- 有序的学校氛围
- 将掌握基本知识与技能作为学校核心目标
- 将有限的资源优先投入到学校核心目标上
- 对学生学习情况进行经常性监控

随着有效学校研究的逐步深入，研究者们不再满足于概括、描述有效学校的特征，开始有意识地将有效学校、学校效能研究与学校改进实践联系起来，基于有效学校的相关知识在学区和学校层面推动学校改进项目[10]，在实践中指导众多中小学通过改进学校领导的质量、对学生的期望以及校风，创造有效学校，提高学校效能，让学校在学生学业成就提升过程中发挥实质性作用。[11]

不难发现，在有效学校运动中，人们将学校改进视作基于有效学校特征对薄弱学校进行诊断性分析，发现学校的优势与薄弱点，然后有针对性地予以改进，以提高学生学业成就的过程。[12]

国际学校改进计划的定义

国际学校改进计划（International School Improvement Project，ISIP）是经济合作与发展组织（Organization for Economic Co-operation and Development，OECD）赞助，由其教育研究与创新中心（Centre for Educational Research and Innovation，CERI）实施的一个国际性教育干预项目。ISIP 于 1982–1986 年期间，在美国、英国、澳大利亚、日本等 14 个 OECD 成员国实施。尽管

ISIP 的实施周期不是很长，但这个项目关于学校改进的定义及相关研究成果被认为是学校改进领域的重要知识基础[13]，具有广泛的影响力。

与以往自上而下（top-down）或由外至内（outside-in）的改进策略不同，OECD 在 ISIP 项目中强调不能为了变革而变革，要将学校视作变革的中心，要充分调动教师深度且持久的参与，让学校拓展自我发展的能力。ISIP 项目将学校改进定义如下：

> 一种系统而持续的努力，旨在于一所或多所学校中改变学习条件和其他相关条件，最终能让学校更有效地实现教育目标。[14]

在学校改进的定义及实际推动的改进实践中，ISIP 强调了以下一些理念：[15-17]

- 学校是变革的中心。自上而下或由外至内的变革路径，通常不能深度激发学校的变革动力、自觉性和创造性。只有校长、教师以及家长等群体意识到变革的必要性，主动参与到学校改进活动中，并且在学校内部寻找变革的突破口，将改进的关键点定位于学校的内部条件，才能切实推动学校的改进。

- 从学校实际出发。外部的改革要充分考虑到学校情境的差异性，而不能简单地将所有的学校看成是相同的。要有效改进一所学校，必须先对这所学校的情境进行深入分析，然后在此基础上选择有针对性的改进策略。

- 学校改进是一种系统的变革方法。学校改进是一项系统工程，涉及各种相互联系、相互影响的工作。尽管有时确实"规划不如变化快"，学校改进过程会遭遇一些不确定性，但规划是必需的。学校不仅在变革前要精心规划，充分考虑各种可能面临的挑战，统筹协调好各种工作任务之间的关系，准备多种替代性的预案；而且在变革中要及时评估工作进展，发现改进过程中的问题，排除可能发生的风险，做好过程管理。

- 学校改进不局限于课堂上教与学的改进。如果变革仅指向"学习条件"的改进，比如改进教师的教学行为，或改善师生关系，创造适宜的学习氛围，学校很难取得显著的进步。因为教师教育教学行为转变以及教学质量的提升不是在真空中发生的,是教师个体与所处环境交互作用的结果。学校的制度和文化环境能否为教师提升专业能力、改进教育教学实践提供支持性的平台,在很大程度上制约着学校教学的改进。所以,学校必须同时注重"其他相关条件"的改进,比如学校组织文化、学校氛围、教学管理制度、教师激励、家校关系,乃至学校之外的地方性政策。从这一意义上来说,学校改进需要跳出课堂,甚至跳出学校,用系统的眼光予以谋划和推动。

- 学校改进可以在一所学校内进行,也可以在多所学校中同时推动。在实践中,学校改进可以由学校自身发起,也可以由督学、举办方,或教育主管部门发起;可以在一所学校内独立开展,也可以在一个学区、一个地市,乃至全国范围内同时推动。无论是多所学校还是一所学校,学校改进的过程都必须统筹协调与外部力量的关系,向其他学校借鉴有益经验,主动获取专业引领和资源支持。

- 学校改进是一个过程,而不是一个事件。学校改进的目标很难一蹴而就,它需要很长的时间。在学校改进过程中,学校解决了一个问题,又可能面临另外一个或多个新的问题。学校改进是一个不断分析问题和解决问题的过程。

- 学校改进需要多元参与。学校是变革的中心,但这并不意味着学校要孤军奋战。要想达成高质量,学校必须与多种利益相关者充分合作。校长、教师、家长、社区人士、地方教育行政部门,以及各种可以为学校提供支持的组织或个人,都可以在学校改进中发挥作用。

- 学校能更有效地实现多元化教育目标。早期的学校改进更多地将目标指向学生学业成就水平的提升,而ISIP强调目标的多元化,不仅仅指学生学业成就测试的分数,还包括学生作为一个完整的人的全面发展目标(如身心健康、品格发展)、学校作为一个组织的发展目标(如教师专业发展、教师激励),以及学校作为社会公共服务部门的目标(如教育公平、回应劳动力市场的需求)等。学校改进要更加有效地促进学校实现这些多样化目标。

来自14个国家的150多名政策制定者、管理者、教师及专家学者参与了ISIP项目,他们分6个小组开展跨国研究工作。6个小组的具体主题分别是：有效学校的校本回顾、学校改进过程中的校长及相关人员、外部支持的作用、学校改进的研究与评估、地方教育行政部门的学校改进政策，以及学校改进的概念地图。经过多年的研究，ISIP 总结各种研究发现，出版了一系列有关专著，为学校改进领域贡献了大量的理论知识。

ISIP 带给我们很多启示，主要有[18]：将有效学校、学校效能领域的理论研究成果整合到学校改进实践中，让政策制定者和实践者在理论框架下推动实践改进；各种水平的政策制定者要确保政策的应用友好性，提出清晰的变革目标和要求，提供必要的培训与支持；学校要自觉启动和实施改进，将理论知识与政策规定转化成学校发展计划与具体行动，体现在课程、教学、评价等各种活动和各个环节中。

赋能学校发展的学校改进

20 世纪 80 年代末和 90 年代初，欧美诸国政府开始加大教育改革力度，通过法律或政策要求学校在课程、评价、管理等方面做出变革，同时又将更多的责任、权力从地方下放到学校，加强和推动学校自主管理。教育管理中的集权和分权同时在推动。在这样的情况下，学校改进的实施重点不再只是探索如何自上而下地推行政府改革意见，而是希望将自上而下与自下而上结合起来，在实施政府改革政策的同时促进自身的改进与提升。[19] 所以，学校改进更加强调学校的主动变革，提升学校应对变革的能量，赋能学校发展。

英国"为全体学生改进教育质量"（Improving the Quality of Education for All，IQEA）项目在这方面的探索经验比较典型。IQEA 项目的核心目的是基于已有的良好实践，不断改进教与学过程，提升参与学校为所有学生提供优质教育以及应对教育变革的能力。[20-21] 这个项目于 1991 年启动，最初参加的学校大约有 30 所，主要来自东英吉利、北伦敦和约克郡地区，以后逐渐扩大范围，在英国乃至全球具有较为广泛的影响力。项目强调多方合作，除了学校，还有来自大学研究机构（如剑桥大学教育研究所）的学者、地方教育行政机构的代表、地方专家等多种人员，共同形成一个小组领导和推动学校的改进工作。

IQEA 项目核心专家霍普金斯（David Hopkins）给学校改进下的定义是：学校改进是教育变革的一种策略，它通过改进教与学的过程以及支持性条件改善学生的学习成效，同时提升学校应对变革的能力。它是在变革时代中为提供优质教育而提升学校效能的策略，而不是盲目地、简单地接受与实施政府的改革政策。[22-24]

不难发现，IQEA 项目的定义及工作理念，在很大程度上受 ISIP 项目的启发。两个项目都强调学校改进的主动性，以及自上而下和自下而上两条道路的结合。IQEA 项目认为，如果学校的改进思路既与外部改革保持一致，又能推动自身愿景和目标的落实，学校就更有可能提升为全体学生提供优质教育的能力。所以，学校不能拒绝外部的变革要求，也不能简单"照单全收"和机械落实，而应该将外部变革的推动转变为内部改进的动力，主动应对变革，在变革中提升发展能力。[25-26]

在实施中，IQEA 项目强调五条基本原则，代表了其对项目实施过程与方式的期待。这五条原则是：[27]

● 学校改进聚焦于学生学习，是优化学生学习质量的过程。

● 学校发展愿景应该反映包括学生和学习促进者在内所有学校相关人员的共识，是他们共同的愿景。

● 学校从外部变革压力中寻找重要的机遇，以明确学校内部事务的优先顺序。

● 学校要创造条件鼓励多方合作，以赋能个人和团队的发展。

● 学校倡导所有员工共同分担质量监控和评估的责任。

为切实有效改进每一所项目学校，IQEA 项目会与每一所学校签署协议，以强化项目学校改进的主动性，使学校改进过程真正变成赋能学校发展的过程。协议中主要条款列举如下：[28-29]

● 参与本项目是学校内全体教师共同协商的结果。

● 学校指定至少两名教师作为项目协调员（其中 1 人是校长或副校长），参加各种项目培训和会议，以及协调项目工作。

- 全校拿出足够的时间开展与项目相关的教师专业发展活动。
- 至少 40% 的教师（涵盖所有学科）参加与项目有关的教师发展活动。
- 至少 40% 的教师（涵盖所有学科）定期从教学中抽出时间，参加以课堂为基础的项目活动。
- 教师参与项目活动可以获得教师专业发展学分。
- 学校参与项目评估活动，并将结果与其他项目学校共享。

有了协议作为保证，每一所项目学校都会主动参与项目，积极协调各种资源和条件推动学校内的改进工作，充分发挥学校的积极性与创造性，从而有效提升学校的问题解决能力、灵活应对变革的能力，以及不断改进教学的能力，赋能学校发展。

目前，世界各国的学校改进实践越来越多样化，聚焦教与学，以学生学习为中心，强调学校主动变革，教师积极参与专业对话和发展活动，使学校改进过程同时成为提升学校可持续发展能力的过程，已成为学校改进领域的共识和基本趋势。

一种更加宽泛的理解

不同国家的教育发展形势与需求存在一定差异，学校改进相关政策的侧重点也不同，因而对学校改进的理解与实践也会有所不同。在我国，学校改进呈现出与欧美国家不太一样的图景。

进入 21 世纪以来，我国不断加大基础教育改革力度，相继发布了《国务院关于基础教育改革与发展的决定》（国务院，2001）、《基础教育课程改革纲要（试行）》（教育部，2001）、《2003-2007 年教育振兴行动计划》（教育部，2004）、《国家中长期教育改革和发展规划纲要（2010-2020 年）》（国务院，2010）、《教育部关于深入推进教育管办评分离，促进政府职能转变的若干意见》（教育部，2015）、《中国教育现代化 2035》（中共中央，国务院，2019），以及《关于进一步激发中小学办学活力的若干意见》（教育部等八部门，2020）等重要文件。对这些政策进行综合分析，可以发现中国基础教育改革的相关战略主题主要有：

● 促进公平。促进公平是我国基本教育政策。教育公平的关键是机会公平，其基本要求是保障每一个公民依法享有接受教育的权利；教育公平的重点是促进义务教育均衡发展和扶持困难群体，根本措施是合理配置教育资源，向农村地区、边远贫困地区和少数民族地区倾斜，加快缩小教育差距。

● 提升质量。整体提升教育质量，提供更加丰富的优质教育，更好地满足人民群众接受高质量教育的需求，是中国教育改革发展的长期任务。学校和教育者要树立以提高质量为核心的教育发展观，注重学校内涵发展，鼓励学校办出特色、办出水平，出名师，育英才。

● 课程改革。全面深化课程改革，整体构建符合教育规律、体现时代特征、具有中国特色的人才培养体系，建立健全综合协调、充满活力的育人体制机制，落实立德树人根本任务，是提高国民素质、建设人力资源强国的战略选择。围绕立德树人和培育学生核心素养，学校要在课程功能、课程内容、课程实施、课程评价等各方面做出相应的变革。

● 管办评分离。通过转变政府职能、简政放权和推行清单管理，不断推进管办评分离，构建政府、学校、社会之间的新型关系；扩大学校办学自主权，落实学校办学主体地位，加快健全学校自主发展、自我约束的运行机制，促进学校自主可持续发展。

● 建设现代学校制度。坚持和完善中小学校长负责制，在中小学建立由学校负责人、教师、学生及家长代表、社区代表等参加的校务委员会，对学校章程、发展规划及年度工作报告，对重大教育教学改革及涉及学生、家长、社区工作重要事项的决策等提出意见与建议，完善民主决策程序和学校治理结构，建设现代学校制度。

● 增强学校办学活力。改善政校关系，深化教育"放管服"改革，扩大与落实中小学办学自主权，增强学校发展动力，提升办学支撑保障能力。在学校内部，强化学校文化的引领作用，用共同愿景、办学理念及"一训三风"感染人、凝聚人、激励人，同时健全教师绩效工资方案，完善教师激励制度，充分激发教师教书育人的积极性与创造性，形成师生才智充分涌流、学校活力迸发的良好局面。

在这些政策的推动下，许多地市教育行政部门和中小学积极推动学校改进工作，在实践中呈现出百花齐放、多样化发展的局面。学校改进实践的多样化主要体现在如下五个方面。

一是改进的发起者。学校改进可以由学校自主发起，也可以由教育行政主管部门发起。学校自主发起的改进通常可以更好地结合学校实际，在精准识别问题的基础上展开有针对性的改进工作，预期效果相对较好；而教育行政主管部门发起的外源式改进，由行政部门倡导、发起和组织，能提供经费支持、政策支持，以及专业支持，但这种改进有时候不能充分调动学校参与的积极性，实际效果也参差不齐。

二是改进的主导者。学校改进的参与者通常包括校长、教师，以及家长、专家、行政干部等多种利益相关者群体，但参与的主导者却存在差异。有些学校改进以校长和教师为主导者，由他们实施自我诊断、问题原因分析，以及具体的改进工作，能体现学校的自主性，但有时候也可能因为缺乏高水平专业引领而陷入"萝卜煮萝卜"的困境，效果不尽如人意；有些学校的改进则与此相反，来自学校外部的专家成为改进的主导者，由他们提出变革举措与实施意见，由他们设计与推动改进工作，学校只是配合实施，在这种安排下，学校有时候也能取得积极成效，但总体上被人们批评为"改进学校"，而不是以学校为变革中心、赋能学校发展的"学校改进"；还有些学校的改进工作则将内外部力量结合起来，以内部人员为主导，同时向外部专家，乃至家长、社区人士等群体借力，统筹多种力量推动改进工作，这是一种比较理想的做法。

三是推动机制。随着教育改革的深入，区域性学校改进或者集群式学校改进越来越多，于是就出现推动机制上的差异。除学校自主改进机制外，实践中还有两种常见的推动机制。一种是大学、区域教育行政部门，与中小学（University-District-Schools，U-D-S）合作的推动机制，这种机制在实践中又可根据发起者和主导者区分为两种情况，有的U-D-S合作由地方政府或教育行政部门发起和主导，邀请专家学者提供专业支持，而有的U-D-S合作则由大学研究机构或学者基于某个理论模型发起，一个或多个地市教育行政部门在本区域内组织多所学校参与。另一种是由地方教育行政部门牵头，用优质学校带普通学校或薄弱学校的方式推动集群式学校改进的推动机制，这种机制在教育均衡发展备受关注的政策背景下越来越普遍，并变化出集团化办学、学校联盟、学区化办学、名校办分校、结对帮扶、委托管理等多种具体的方式。

四是改进焦点。理想地看，学校改进以促进学生学习与发展为目标，要全面分析和改善学校办学条件，这种"全面"包括校内条件和校外支持，涵盖硬件设施与软件资源，旨在从各个方面优化办学条件，助力学生成长。但问题是，学校改进如果真的这样面面俱到，很可能陷入什么都抓，什么都抓不好的尴尬局面。所以，在实践中，很多学校改进项目在注重全面分析和系统性改进的同时，强调抓住重点，聚焦影响学校质量提升的关键领域。多数项目聚焦于教学改进和教师专业发展，有些项目从改造学校文化入手，有些项目以建设现代学校制度为切入口，也有些项目起点比较低，工作重点落在改善办学硬件设施、促进办学条件标准化上。

五是价值取向。在哲学中，价值取向指一定主体在面对或处理各种矛盾、冲突、关系时所秉持的基本立场和态度。学校改进的价值取向则指在多种工作情景中指导人们进行学校改进行动和决策判断的指导思想。由于学校改进的发起者、主导者、改进焦点、政策环境各不相同，学校改进的价值取向也具有多元化特点。比较常见的有以均衡和公平为导向的薄弱校改进（如北京市政府联合北京师范大学、北京教科院、首都师范大学等单位于2006年启动的"初中建设工程"和"春雨计划"行动）、以扩大优质教育资源为导向的区域教育质量整体提升（如杭州市上城区与北京师范大学于2009年合作开展的"基于学生发展的区域教育质量提升"项目）、以问题解决为导向的学校诊断与改进（如北京市教委、北京市教育学会联合委托北京师范大学于2007年开展的"北京市初中校教育教学及管理诊断研究"）。

各种各样的学校改进实践不仅在不同程度上改进了学校的教与学，促进了学生的学习与发展，而且也逐渐拓展人们对学校改进的认识。在传统学术圈子，学校改进通常被定义为以提升学生学习成绩、促进学生发展为目的，聚焦教学与支持性条件改善的持续努力。必须承认，这是一种狭义的理解。我们应拓展学校改进概念的外延，在更宽泛的意义上理解和界定学校改进。

在广义的框架下，无论发起者是学校自身，还是来自学校外部的区域教育行政部门；无论目的是直接促进学生学习成绩提升，还是改进学校管理或重构学校文化；无论改进焦点是教学和教师专业发展，还是学校制度建设或其他方面，只要是由学校整体推动实施，旨在持续改进学校效能的复杂活动，都属于学校改进。基于这种理解，我们将学校改进定义为：由学校整体推动实施，持续改进教学、管理或相关条件，促进学校更好达成发展目标的复杂活动。广义的学校改进的成立要素有以下几个：（1）由学校整体推动实施，而不是由学校外的某个机构或人群实施，也不是由学校内个别干部或少数教师在小范围实施；（2）在一个较长的周期内持续改进学校，而不是一项短期完成的任务；（3）是较为复杂的改进活动，需要考虑多种相关因素，需要系统设计，而不是一项简单、单一的任务。

霍普金斯经常将学校改进的过程比喻成"旅程"。[30]"旅程"的吸引力来自每一个时空节点上所见所闻的独特性，每一次前行都会有未知的惊喜。我们也可以将学校改进比喻成一幅画卷，如果画卷中的每一棵树，每一朵花，或每一只鸟都千篇一律，那么这幅画卷就显得呆板，缺乏艺术表现力。只有画卷中每一棵树，每一朵花，或每一只鸟都各不相同，画卷才会变得生动和有吸引力。从这一意义上说，在广义上理解学校改进，可以将丰富多样的学校改进实践纳入研究范围，使学校改进理论更接地气，更有活力，学校改进实践也更能吸引校长和教师的参与，激发他们的积极性与创造性，生发出更加扎实的成效。

参考文献

[1] Downer, D. F. Review of research on effective schools[J]. *McGill Journal of Education*, 1991, 26（3）: 323-331.

[2] [15] 梁歆. 学校领导在学校改进中的作用: 能量建构的视角 [D]. 香港中文大学哲学博士论文, 2008.

[3] 黄琳. 影响持续学校改进的因素: 变革能动者的角色 [D]. 香港中文大学教育博士论文, 2013.

[4] Reynolds, D. et al. An introduction to school effectiveness research[A]. In Teddlie, C., Teynolds, D. (Eds), *The international handbook of school effectiveness research*[C]. London: Falmer Press, 2000: 3–25.

[5] Hopkins, D., Reynolds, D. The past, present and future of school improvement: towards the third age[J]. *British educational Research Journal*, 2001, 24 (4): 459–475.

[6] Potter, D., Reynolds, D., Chapman, C. School Improvement for Schools facing Challenging Circumstances: A Review of Research and Practice[J]. *School Leadership & Management*, 2002, 22 (3), 243–256.

[7] Coleman, J. S. et al. *Equality of educational opportunity survey*[R]. Washington, D.C.: National Center for Educational Statistics, 1966: 21.

[8] Jencks, C. S. et al. *Inequality: A reassessment of the effect on the family and schooling in America*[M]. New York: Basic Books, 1972: 158.

[9] Edmonds, R. R. Effective schools for the urban poor[J]. *Educational Leadership*, 1979, 37 (1): 15–18+20–24.

[10] Reynolds, D. et al. Linking school effectiveness and school improvement[A]. In Teddlie, C., Teynolds, D. (Eds), *The international handbook of school effectiveness research*[C]. London: Falmer Press, 2000: 206–231.

[11] Hawkins, A. F. *Increasing Educational Success: The Effective Schools Model*[M]. Washington: U.S. Government Printing Office, 1988: v–vi.

[12] Edmonds, R. R. Programs of school improvement: An overview[J]. *Educational leadership*, 1982, 40 (3), 4–11.

[13] Reynolds, D. et al. *Making good schools: Linking school effectiveness and school improvement*[M]. London: Routledge, 1996.

[14] Van Velzen, W., Miles, M., Ekholm, M., Hameyer, U., Robin, D. *Making

school improvement work: A conceptual guide to practice[M]. Leuven, Belgium: ACCO, 1985: 48.

[16] [18] Hopkins, D. The International School Improvement Project (ISIP) and Effective Schooling: towards a synthesis[J]. *School Organisation*, 1990, 10 (2&3): 179-194.

[17] Reynolds, D. Beyond school effectiveness and school improvement[A] In Harris, A., Bennett, N. (Eds). *School effectiveness and school improvement: Alternative perspectives*[C]. London: Continuum, 2001: 27-45.

[19] [20] [27] Hopkins, D. *School Improvement for Real*[M]. London and New York: Routledge Falmer, 2001: 27-45; 63; 64-65.

[21] [25] [30] Hopkins, D. (1994). *School Improvement and Cultural Change: An Interim Account of the "Improving the Quality of Education for All" (IQEA) Project*[R/OL]. Paper presented at the Annual Meeting of the American Educational Research Association, 1994. See also, https://pdfs.semanticscholar.org/e589/557b9241827f5da44edc024c58bb11486a00.pdf?_ga=2.189518569.373730034.1594432341-549268102.1593999182, 2020-03-15.

[22] [28] Hopkins, D., Ainscow, M., West, M. *School Improvement in an Era of Change*[M]. London and New York: Cassell, 1994: 3; 109.

[23] Hopkins, D. *The practice and theory of school improvement*[M]. New York: Springer, 2005.

[24] [29] 霍普金斯, 爱恩思科, 威斯特. 变化时代的学校改进[M]. 孙柏军, 译. 北京: 北京师范大学出版社, 2016: 4; 121.

[26] Harris, A. *Building the Capacity for School Improvement*[R/OL]. Paper presented at the Annual Meeting of the American Educational Research Association, 2002. See also, https://files.eric.ed.gov/fulltext/ED466034.pdf, 2020-3-25.

第 2 章　学校改进模式

无论目标指向全面改善办学条件，还是仅聚焦学校办学的某一方面，学校改进都是一项系统工程，它涉及多个相互联系又相互制约的过程、环节和侧面，需要校长、干部、教师、学生，乃至家长等多种利益相关者群体的协调参与，是十分复杂和具有挑战性的工作。如何实施学校改进才能切实提升学校效能和赋能学校可持续发展，是研究者、管理者和决策者共同关心的重要议题。

要不要模式

模式，对应的英文是 model。但值得注意的是，中文的"模式"与英文的"model"并不是完全对应的。英文词典对作为名词使用的 model 提供了多种不同的解释，主要有：（1）穿上时尚服饰，在各种媒体中或通过现场表演，为某种产品做广告的人，或在艺术家面前展示人体，以供其进行艺术创作的人；（2）一个真实物品的微缩复制品，经常用于向人们展示某个作品或物件；（3）可供他人学习、模仿或复制的标准、人或物；（4）一种用概括方式予以表达，可供他人模仿学习的制度、行为方式或工作流程。将这些解释放在中文语境下，第一种解释对应的是"模特"，第二种解释对应的是"模型"，第三种解释对应的是"模范"，而第四种解释对应的才是"模式"。

在中文语境中，模式一词的使用频率比较高，经常出现在学术研究和各种媒体中。比如，在宏观政治经济发展层面，自雷默（Joshua Cooper Ramo）发表《北京共识：提供新模式》一文以来，人们将邓小平上台以来中国实施的政治经济政策体系称为中国模式。[1] 又如，在课程与教学研究领域，人们经常讨论教学模式，希望找到一种能为更多教师广泛借鉴的教学程序和策略体系。[2] 但对于模式的定义，研究者尚未达成清晰的共识。一种比较常见的解释是，模式是对事务内外部运作机制的直观而简洁的描述，简单地说，就是从不断重复出现的事件中发现和抽象出来的规律。

具体到学校改进领域，学校改进模式是指对有效学校改进程序和策略的概括性表达，它将复杂的学校改进工作简单化和程序化，成为更多地区和学校设计与实施学校改进的有益参照。在实践中，不同的研究者从不同视角分析和讨论学校改进，从而用不同的方式提炼和表达学校改进模式。比如，丁娴和徐士强根据学校经营与激励方式，将美国公立学校改进模式概括为三种，分别是：（1）政府出资，但以特许的途径将学校经营外包给社会团体或个人的特许学校模式；（2）政府立法保障，公立学校可凭自身独特的设施和专门化课程吸引本学区或学区外学生就读，通过多族裔融合与生源改善提高学校效能的磁石学校模式；（3）以评促改，通过优质学校评选和表彰促进学校发展的蓝带学校模式。[3] 又如，鲍尔（Scott C. Bauer）和巴泽（S. David Barzer）将学校改进视作一项行动研究，引导学校基于行动研究开展学校改进，提出持续改进过程模式，参见图2-1。[4] 学校改进是一个循环往复、螺旋上升的过程，每一轮改进都包括合作性问题诊断、根本原因分析、寻求解决方案与提出行动计划、反思与评价等四个环节。

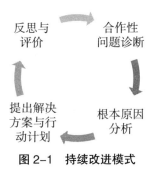

图2-1　持续改进模式

学校改进模式多种多样。但是，这些模式有用吗？能否在学校改进实践中大力倡导模式的应用呢？有些学者和校长反对将学校改进模式化。主要理由是：各个地区的教育环境与政策存在差异，各所中小学在校长领导力、干群关系、教师队伍，以及学生构成等诸方面更是千差万别。没有包治百病的万应良药，也没有适用于各类中小学的学校改进模式。学校改进必须因地制宜，因校而异，根据学校实际及要解决的问题选择适宜的改进方法，走具有本校特色的改进之路。

作为一名教育管理学领域的研究者，我多年来一直深度参与各种学校改进项目及与之紧密联系的校长领导力提升项目，可谓经验丰富。基于相关经验，我们认为，在实践中倡导某一种或某几种学校改进模式具有积极的意义。主要理由是：地区之间和学校之间确实存在很大的差异，但许多地区和学校之间也存在一些共性。将某种能有效提升学校效能的改进模式应用于具有相同或相似特点的地区和学校，可以促进成功经验的快速推广，提高学校改进的效率。借口学校 SWOT 和迫切需要解决的问题不同而拒绝采用任何模式，就是拒绝向他人学习。当然，倡导某种学校改进模式，不能不加分析地搞"大一统""一刀切"，而且，应用某种成功的模式并不是说要百分之百地照搬他人做法，在学习借鉴的同时，各中小学也可以因应实际而做出必要的微调，以增强改进举措的针对性与实效性。

有效学校改进模式的共同特点

随着教育改革的持续开展，特别是教育问责制度的深入推动，世界各国都在积极推动学校改进，在实践中生成了多种多样的学校改进模式。[5-8]对多种模式进行综合分析，可以发现有效的学校改进模式存在一些共同特点。这些共同特点反映了学校改进领域研究者、管理者和实践者的共识，在一定程度上可以被认为是有效学校改进模式应达到的原则性要求。这些共同特点主要如下。[9-13]

构建共同愿景

愿景是一种由管理者与成员共同认同,反映组织在未来5~10年发展样态的表述。现代管理学之父德鲁克指出,"'我们的事业是什么'并非由生产者决定,不是靠公司名称、地位或规章来定义,而是由顾客购买产品或服务时获得满足的需求来定义"。[14] 学校发展愿景由学生、教师、家长等各种利益相关者群体共同参与制订,才能获得他们的广泛认同,才能起到鼓舞人、凝聚人和引领组织发展的作用。在学校改进启动初期,学校要构建一个共同愿景,清晰描述学校发展目标,特别是学生培养目标,让学校改进的参与者知道学校要向何处去以及要培养什么样的人,用共同愿景引领整个学校改进的方案设计,确保学校改进的目标不偏离学校发展的大方向,并将教职员工、家长等多元主体凝聚起来,积极参与到学校改进实践之中。

在学校中共享领导力

现代教育改革一直重视校长作为领导者在学校改进中的重要作用。研究表明,校长领导力对于提升学生学业成就和学校效能,具有间接而有力的影响。[15] 但随着学校规模的扩大、分布式领导的推广以及校本管理运动的兴起,校长作为领导者孤军奋战的时代已经过去。[16] 要成功改进学校,不能靠校长"单打独斗"。学校是大家的学校,是教师、学生、家长等多元主体共同拥有的学校,所以这些多元主体也要有机会参与学校改进的决策和具体行动。换而言之,学校管理者要与教师共享领导力[17-18],为教师赋权增能,充分发挥教师在学校改进过程中的主动性和创造性。

以学生发展为本

促进全体学生全面、可持续、高水平发展是优质学校的核心特征。学校改进必须坚持以学生发展为本的原则,将学生发展作为学校改进的直接目标或间接目标,使改进后的学校更好地服务于学生的学习与发展。学生能从学校改进项目中受益多少?多少学生能从中受益?处境不利学生、学习障碍学生、留守学生、流动儿童等需要特别关注的群体是否得到更多支持？学校改进项目是否有利于学生的可持续发展？这些都是评估学校改进模式有效性，或者选择学校改进模式时需要重点思考的问题。值得注意的是，在某些改进项目中，学校片面强调学生的学业成就，将学生成绩、升学率、及格率等指标作为项目的核心目标，可能会在一定程度上忽视学生的全面发展与可持续发展。学校改进要以学生发展为本，而不是以学生学习成绩为本。

强调问题的识别与分析

问题识别与分析是学校改进的起点。有效的学校改进模式通常都重视现状分析，找出学校发展中影响学校效能的各种问题，对问题的轻重缓急进行评估，确定需要优先解决的问题，并在此基础上深入分析问题产生与持续的原因，寻找解决问题的有效对策。值得注意的是，在学校里不少干部和教师"当局者迷"，对实际存在的问题缺乏敏感性，难以通过自我评估与反思发现工作中的问题。学校要通过多种方式，面向有代表性的教师、家长和学生等利益相关者样本收集可靠数据，然后将这些数据整合起来进行比较和分析，从中发现潜在的问题。[19]学校还可以引入第三方诊断，让来自校外的专业人士对学校进行客观的诊断性分析。[20]

系统设计与推动学校改进

学校改进是一项复杂的系统工程，每一项变革都"牵一发而动全身"，需要多种力量在多个层面上的协调参与。早期，许多学校改进项目多从学校层面着手，比如学校文化、品牌塑造、学校制度建设，结果发现当学校的顶层设计不能"落地生根"，不能在教师层面上激发教师的观念更新和行为转变，也就无法进而影响教师的教和学生的学，不能切实提升学校效能；也有一些学校改进项目躬身课堂，让教师专注于教学改进，结果发现缺乏办学愿景和理念的引领，教师的探索往往缺乏系统性和方向感，想到啥研究啥，"打一枪换一炮"，大家整天在忙碌，效果却不尽如人意。随着学校改进实践的深入推动，越来越多的人认识到，学校改进需要系统设计，在聚焦改进重点的同时，从学校、教师、课堂等多个层面协调推动改进工作。

教师成为研究者

教师是学校的第一资源，是学校改进最重要的参与者。教师专业发展的程度是影响学生学习与发展的重要条件。每一种学校改进模式都要重视改进过程中的教师能力建设，而教师的能力建设仅靠培训是不够的，学校需要加强教师反思与探究，让教师成为研究者。教师要以研究者的姿态，对学校改进中的重大问题开展行动研究，或"小题大做"，从细节着手做一些小课题研究。教师要经常研讨他们的工作，特别是课堂教学。在我国，许多学校都建立健全了听评课制度，具体做法是：每名教师在一个学期要上 1~2 节公开课，邀请同事或校外专家听课，并开展深入的课后研讨；每名教师在一个学期内还要主动听课 10 节左右，做好听课记录并与同事进行课后交流；每个教研组要定期开展集体备课和教学研讨，针对教学中大家共同关心的问题开展课例研究。这种让教师参与研究的机制扩大了教师之间的切磋与交流，提高了教师的研究意识，在教师团队中形成一个互助成长的共同体，为学校改进提供了有力的保障。

利用外部力量

学校改进离不开外部力量的支持，特别是专家的支持。在学校改进中，如果学校过分依赖校内的干部和教师，缺乏外来专家的点拨、引领和支持，有时会像"萝卜煮萝卜"，难以实现真正意义上的创新和变革。所以，多数学校改进模式都强调外来支持，鼓励中小学与大学合作，催生出不同类型的合作方式。巴奥特（Colin Biott）将双方合作区分为执行伙伴模式（implementation partnership）和发展伙伴模式（development partnership）。[21]其中执行伙伴模式，也称专家模式，大学专家在学校改进中充当引路人和指导者角色，采用的策略主要是教授、示范和指导；而发展伙伴模式中大学专家的角色是合作者和促进者，采用的策略主要是提问、咨询、讨论和支持。当然，学校改进中的外部力量不局限于大学专家，地方教育行政机构中的官员、社区人士、各个领域的专业人才等都可能成为助力学校改进的重要力量。

持续改进

学校改进似乎永无止境，因为学校的内外部环境都在不断地发生变化，一个问题解决了，可能又会出现另外一个问题。学校改进就是一个又一个问题不断解决的过程，所以各种改进模式都强调持续改进。研究者借鉴管理领域，由计划（Plan）—执行（Do）—检查（Check）—处理（Act）等四个环节构成的休哈特环（Shewhart Cycle），提出了相似的持续改进模式。莱佐特（Lawrence W. Lezotte）和麦基（Kathleen M. McKee）提出的有效学校持续改进模式，由研判—反思—计划—实施等四个步骤构成；[22]科普兰（Michael Aaron Copland）提出了学校改进探究循环（Cycle of Inquiry）模式，由基于数据识别问题和学习领域—提炼工作重点—在学校和年级水平上设定可测量的目标—在学校和年级水平上制订具体的工作计划—采取行动—基于数据对改进结果进行分析与反思等六个步骤构成。[23]在上述类似模式中，整个改进过程都是循环推动的，一个周期结束，下一个周期又启动，持续分析与改进学校的工作。

一个综合性的学校改进框架

每一种学校改进模式都有其优势和局限性。如果在众多模式中，选择一个影响力较大、适用面较广，且实践指导意义较强的模式，我们推荐"有效学校改进"（Effective School Improvement，ESI）项目提出的综合性学校改进框架。

ESI项目的全称是"促进学校变革与适应能力提升的有效学校改进"（Capacity for Change and Adaptation in the Case of Effective School Improvement），由比利时、英国、芬兰、希腊、意大利、荷兰、葡萄牙和西班牙等8个国家于1998~2001年共同实施，其主要目的是整合学校效能与学校改进两个领域的研究成果，构建能跨越国家情境，适用于不同国家的有效学校改进模式。[24] 项目组在各个国家寻找效果好且在国际上获得认可的成功学校改进方案，然后归纳其特点，分析影响改进成效的促进因素和妨碍因素。结果发现，各个国家的教育背景不同，各种因素在学校改进中所起的作用也存在差异，要构建可以跨国使用的学校改进模式存在一定困难。经过多轮讨论，几易其稿，项目组最后提出了一个综合性的学校改进框架，参见图2-2。[25-26]

这个框架在理论上广泛借鉴了学校效能、学校改进，以及课程、人力资源管理、组织学习等相关领域的研究成果[27]，对各国成功的学校改进模式进行了深入的提炼，所以具有较强的实践指导意义。项目组在为期三年的研究中发布了多篇研究报告，谷歌学术显示它们的引用次数已经超过600次，是学校改进领域引用率较高的一组文章。

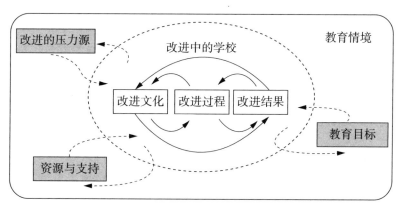

图2-2　有效学校改进的综合框架

ESI 的学校改进综合框架特别强调教育情境的重要性。开发者认为，学校改进活动深刻地根植和嵌套于所在国家的教育情境中。学校改进的研究必须放在特定的教育情境中，学校为什么要改进、改进什么、怎么改进、改进的效果为什么是这样，对这些问题的分析与讨论必须与相关背景性因素联系起来。在图2-2中，围绕"改进中的学校"，用虚线连接起来的就是教育情境性因素，主要有三个方面，分别是"改进的压力源""可获得的资源与支持"，以及"教育目标"，其内部构成参见表2-1。

表 2-1　综合改进框架中的教育情境因素

改进的压力源	可获得的资源与支持	教育目标
• 招生制度与市场机制 • 外部评估与问责 • 外部机构 • 社会组织在教育变革中的参与	• 学校办学自主权 • 财政资源以及学校日常工作条件 • 地方性支持	• 学生发展目标

在 ESI 综合框架的中央是学校层面的因素。一般意义上而言，教师是学校改进的主体，只有教师改变了，教与学的变化才会渐次发生。但 ESI 项目组认为，对于一所学校的改进来说，仅仅有教师个体的改变是不够的，教师的行动可以改变教师的教和学生的学，可以促进学生学业成就水平的提升，但它难以对整个学校产生深远的影响。只有学校作为一个组织，从整体上支持教师的改变，使教师的个体行为上升为学校的整体行动，学校改进才能真正发生。[28] 当然，所谓学校整体行动并不是说一定要全体教职员工都共同行动起来，在一所规模较大的学校，只要数量较多的教师（比如班主任教师，又如几个特定学科的教师）在学校的协调发动下参与到变革中，就是有意义的学校改进。学校层面的因素主要包括三个方面，分别是"改进文化""改进过程"和"改进结果"，其内部构成参见表 2-2。

表 2-2　综合改进框架中的学校内部因素

改进文化	改进过程	改进结果
• 来自校内的改进压力 • 办学自主 • 共同愿景 • 成为学习型组织的意愿 • 教师培训 • 改进历史 • 改进动力 • 领导力 • 员工队伍稳定性 • 改进时间	• 改进需求评估 • 改进需求诊断 • 清晰描述改进目标 • 提出改进行动计划 • 改进计划的实施 • 评估 • 反思	• 学生表现（知识、技能和态度）上的变化 • 学校组织、教师行为，或学习资源等学习条件上的变化

在这个综合模型中,教育情境因素和学校层面因素之间相互影响,学校层面内部各因素之间也相互影响。在众多因素及复杂的关系中,改进结果是其中最为重要的一个因素。理想地看,所有的学校改进活动都要指向具体、可达成的预期结果。预期结果达成程度反映了学校改进的效果。一般来说,学校改进的结果体现在两个方面。一是学生产出上的变化,也就是学生在知识、技能、态度、品格等诸方面的成长与变化;二是各种学习条件上的变化,比如学校办学设施、学校文化、教师质量、教师行为、学习资源等,这些变化为学生成长创造了条件。学校改进结果好,说明学校改进的设计与实施是合理有效的;如果学校改进结果不好,可能是学校改进的设计有问题,也可能是学校改进过程不力,综合模型中的各种因素都可能发挥了重要的影响。学校需要全面反思,在找准原因的基础上有针对性地重点改进。

基于问题的学校改进

2005年,我博士毕业后一直在北京师范大学教育管理学院工作,所以经常与中小学校长研讨学校发展规划、校长领导力提升、教师人力资源管理等方面的问题,但真正接触和深度参与学校改进应该从2008年算起。

2008年,受新疆维吾尔自治区巴音郭楞蒙古自治州巴州石油一中委托,我带领一个专家团队指导该校开展"塔里木油田职工子女教育研究"。巴州石油一中原来是中石油塔里木油田公司指挥部职工子弟学校,系央企举办的一所12年一贯制学校,2004年移交地方管理,变成巴州教育局直属的一贯制学校,但生源仍然以油田职工子女为主。移交地方之后的几年,教师队伍整体积极性不高,学生成绩出现下降态势,有的学生从小学高年级开始就转学到其他学校,到初高中阶段也有不少优秀学生流失到其他学校,学校亟需整体分析与改进。在这样的背景下,我们接受委托进入巴州石油一中指导该校的学校改进。

项目组首先采用问卷、访谈等方式对各种利益相关者群体进行深入的调研,全面分析学校的发展现状,从中识别亟待关注的若干问题,然后通过重要性排序与可行性分析，明确学校改进中需要优先关注的问题。当时，巴州石油一中最需要优先关注的问题是教师激励。学校移交地方之前，作为央企所属学校的教师，其收入水平明显高于地方学校的教师。学校移交地方之后，根据有关政策与协议，移交职工的收入"只升不降"，即移交职工的工资保持原有水平不降低，但当地方带编教师收入高于移交职工水平时，移交职工的工资也随之一起提高。实际情况是，从2004年学校移交后，尽管地方带编教师多次涨工资，但移交职工的收入仍然明显高于带编教师。可尽管如此，移交职工的工作积极性仍然不高，原因是移交职工认为，"如果学校没有移交地方，以我现在的职称，我应该拿到比现在高很多的收入，而且，与带编教师相比，虽然他们工资没我高，但从2004年至今，他们已经涨了几次工资了，而我们一点儿也没有涨"。更重要的是，由于各种复杂的历史和现实原因，除移交职工和地方带编教师外，学校还有合同工教师、代课教师以及其他多种不同的用工形式，各类教师在工资发放体制和收入水平上差异很大。简单点说，学校中存在"同工不同酬"现象，收入最高的移交职工工作干劲不足，收入偏低的其他群体也不同程度地存在士气低落的问题。如何从整体上提高教师工作积极性，鼓舞教师士气，是巴州石油一中迫切需要解决的一个问题。

针对上述问题，项目组主要采取了如下举措。（1）减少教师用工形式。通过多方协调和努力，学校最终保留了移交职工、带编教师与合同制教师，代课教师与其他几种用工形式的教师要么转化成合同制教师，要么逐渐离开学校。（2）分类统一薪酬。移交职工是历史遗留问题，而且有移交协议保障，所以"老人老办法"，仍按"只升不降"的原则发放工资；合同制教师没有编制，但参照带编教师发放薪酬，与带编教师基本持平。（3）加强愿景引领。通过教师、学生和家长共同参与的方式，学校提出提高学生学业成就水平、将巴州石油一中办成地区优质学校的办学目标，用多种利益相关者群体共同认同的愿景引领、鼓舞和凝聚教师，鼓励教师深度参与后续各种学校改进活动，在促进学生发展中成就自我，体验工作的成就感和幸福感。（4）强化制度管理。学校对已有各种制度进行全面梳理和分析，按照以人为本和奖罚分明的原则重构学校核心制度，特别是教师管理制度，在学校中树正气，立新风。经过一段时间的整改，教师队伍发生了明显的变化，教师的责任心增强了，士气提升了，积极主动地参与到学校改进工作中。

当然，要在整体上提升学校办学质量，教师有了工作积极性还不够。我们进一步调研发现，尽管国家基础教育课程改革已经实施多年，但当时巴州石油一中教师的观念还比较陈旧，教师在课上讲得多，学生参与少，课堂实效偏低的问题比较突出。如何改进教师的教与学生的学，成为学校需要优先解决的又一个问题。学校在加强教师新课程培训的同时，先后派多名骨干教师到广东省参加华南师范大学郭思乐教授主持的"生本教育"现场研讨活动，将生本教育的理念和课题实施技术引入到本校教学实践中。学校先是推动刚性化"入模"，即要求每个学段和学科的教师先按照统一的"先学交流—合作研讨—再学提升"生本教学模式设计与实施教学，强调转变学习方式，发挥学生的主体性，学生自学能学会的、通过交流和研讨能学会的，教师都不要讲，把课堂还给学生；在经过很长时间的模式化教学研讨之后，再逐渐鼓励教师个性化"出模"，在实践中根据教学需求对模式进行调整和创新。

实践证明，学校在生本教学方面的努力取得了显著的效果，不仅学生的学业成绩稳步提升，在地区性统一考试中名列前茅，而且学生的参与意识、合作能力、批判性思考能力等核心素养也得到明显的提升，得到家长、同行和专家的广泛认可。经过几年的努力，巴州石油一中已逐渐发展成为巴州地区最具影响力的品牌学校之一。

回顾巴州石油一中学校改进项目的实施过程，可以发现我们用行动研究的思想指导学校改进实践，基于问题开展学校改进。整个改进过程可以概括为以下几个主要步骤和环节：学校现状分析—问题识别与诊断—提出问题解决方案和行动计划—实施—进展评估—总结与反思。与行动研究的实施过程相似，学校改进的这些步骤和环节有序推动，但它们不是机械的线性顺序，而是一个循环往复、动态变化、螺旋提升的过程。最近10年来，我们陆续参与了50多所中小学的改进工作，基本上参照在巴州石油一中的项目经验来推动实施，并逐步提炼出基于问题的学校改进模式，参见图2-3。

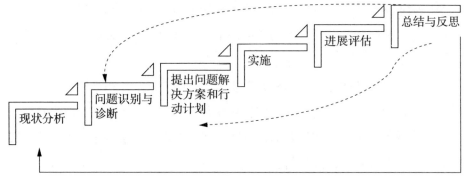

图 2-3 基于问题的学校改进模式

对于图 2-3 所示的学校改进模式，我们做以下解释和说明：

第一，学校改进从"现状分析"开始。学校改进就是一个又一个问题不断得以解决的过程，所以有人可能认为"基于问题的学校改进"应从"问题识别与诊断"开始。然而，以我们多年来从事学校改进研究的经验来看，如果直接从问题入手，可能导致"头疼医头，脚疼医脚"，穷于应付但效果不佳。要从实质上解决问题，必须从全局进行现状分析，理清各种问题的来源，系统思考各种问题之间的关系。只有这样，我们才有可能从复杂的学校脉络中识别出最迫切需要解决且能够解决的问题，找到问题解决的突破口。

第二，深入开展"问题识别与诊断"。每所亟需改进的学校都存在这样那样错综复杂的问题，问题识别不仅要找出要解决的问题，提供问题清单，而且要根据问题解决的迫切性与可行性进行多维排序，从而找到需要优先关注的问题，而不是"眉毛胡子一把抓"，所有问题一起改进，结果"竹篮打水一场空"，什么问题也解决不了。此外，学校还要针对重点问题进行深入的原因分析，明确导致问题产生或持续的直接原因和间接原因，使学校改进"对症下药"，增加改进措施的针对性和有效性。

第三，方案和计划要具体可行。在实践中，学校管理者对问题解决容易出现过度悲观或过度自信的倾向。过度悲观的管理者通常认为问题难以解决，且导致问题的原因不在学校；过度自信的管理者往往对问题复杂性缺乏足够的认识，提出的解决方案系统性不够，导致方案实施时因不能获得必要的相关支持而不能收到预期效果。一个好的问题解决方案需要具备以下特点：（1）最适合。学校面临的重大问题一般都比较复杂，要找到一个理想的解决方案通常比较困难。管理者不能过于理想化，只要在各种备择方案中选择最适合、能在最大程度上解决本校问题的一个就可以。（2）可行。有时候学校管理者提出的问题解决办法很有针对性，但受各种因素制约缺乏可行性，导致方案无法付诸实施，只能半途而废。可行性应成为解决方案设计的重要考量因素。（3）具体化。方案提供了解决问题的基本思路和办法，但还需要转化成具体的行动计划。行动计划要具体说明每一项任务由谁主管、谁实施、做什么、怎么做、需要哪些配合与支持、时间节点怎么安排等。（4）明确成功指标。在明确行动计划的同时，要为每一项具体的行动设计成功指标，以便为行动效果评估提供充分的证据。

第四，在实施环节加强项目执行力。学校改进方案讨论比较深入，但进入实施环节，干部和教师各忙各的，无暇顾及方案中规定的任务，方案执行不力，"雷声大，雨点小"，是不少学校在改进实践中容易出现的问题。这种问题的出现，往往与学校领导对改进工作重视不够、没有将改进安排整合进学校日常工作计划中有关。要加强学校改进工作的执行力，建议学校借鉴绩效管理思想加强实施监管，同时还要加强进展评估与批判性反思，及时发现改进实施中出现的问题，并有针对性地动态调整和优化改进方案。

第五，学校改进是一个动态变化的过程。在基于问题的学校改进模式中，每个步骤和环节不是机械的线性顺序，在实践中可根据情况动态调整。图2-3模式图中有两条虚线，下面的一条指如果学校经过评估与反思发现问题解决效果不尽如人意，可以对问题解决方案进行调整，提出新的行动计划并重新进入实施阶段；上面的一条则指如果反思发现问题解决效果不佳是因为学校对问题原因的分析不够深入，导致问题解决对策缺乏针对性，那么学校就可以重新启动"问题识别与诊断"工作，并在此基础上重新拟定方案与投入实施。事实上，尽管学校在方案设计环节工作做得非常细，在改进实施过程中在不同的时间节点仍然可能遇到一些新情况和新问题。改进模式图中还可以勾勒出多种不同的流程虚线，管理者要对改进中的问题及时做出响应，才能不断优化改进方案，确保改进实效。

总之，基于问题的学校改进模式将行动研究逻辑整合到学校改进实践中，引导参与者用研究者的眼光发现问题、陈述问题、分析问题、解决问题，以及评估问题解决的效果，增加了学校改进实践的研究性、科学性与有效性，是一种切实可行且行之有效的改进模式。

参考文献

[1] Ramo, J. C.（2004）. *The Beijing Consensus*[R/OL]. London：The Foreign Policy Centre. See also, https：//web.archive.org/web/20130824150344/http：//fpc.org.uk/fsblob/244.pdf, 2004-05-11/2020-01-28.

[2] 郝志军，徐继存. 教学模式研究20年：历程、问题与方向[J]. 教育理论与实践，2003, 23（12）：51-55.

[3] 丁娴，徐士强. 美国学校改进项目变革模式分析[J]. 上海教育科研，2017,（7）：50-54+68.

[4][13][19] Bauer, S. C., Brazer, S. D. *Using research to lead school improvement：Turning Evidence in action*[M]. Los Angles, London, New Delhi, Singapore, Washington DC: SAGE, 2012：9；3-15；9-11.

[5] Hopkins, D., Ainscow, M., West, M. *School Improvement in an Era of Change*[M]. London and New York：Cassell, 1994.

[6] 程凤春，俞继凤. 学校教学质量持续改进的三种模式[J]. 教师教育研究，2004,（1）：52-56.

[7] Smylie, M. A. *Continuous school improvement*[M]. Corwin and Leadership for Learning, 2010.

[8] 孙锋. 文化驱动的学校改进模式研究[D]. 北京师范大学硕士论文，2011.

[9] 霍普金斯，爱恩思科，威斯特. 变化时代的学校改进[M]. 孙柏军，译. 北京：北京师范大学出版社，2016：220-222.

[10] Harris, A. *School Improvement：What's in it for School*[M]. London：Routledge Falmer, 2002：29-34.

[11] 卢家婧. 英美等国学校改进典型模式分析[D]. 北京师范大学硕士论文，2009.

[12] 张东娇，时晨晨. 世界部分国家学校改进样态研究[J]. 比较教育研究，2020,（3）：50-57.

[14] 德鲁克. 管理的实践 [M]. 齐若兰，译. 北京：机械工业出版社，2009：41.

[15] Leithwood, K., Jantzi, D. The Effects of Transformational Leadership on Organisational Conditions and Student Engagement[J]. *Journal of Educational Administration*, 2000, 38 (2): 112-29.

[16] Lambert, L. A framework for shared leadership[J]. *Educational Leadership*, 2002, 59 (8): 37-40.

[17] Harris, A. Distributed leadership and school improvement: Leading or misleading[J]. *Educational Management Administration & Leadership*, 2004, 32 (1): 11-24.

[18] 赵德成. 教学领导力：内涵、测评及未来研究方向 [J]. 外国教育研究，2013，40（4）：96-103.

[20] 赵德成. 基于第三方诊断的学校管理改进研究 [J]. 中小学管理，2009，(4)：23-26.

[21] Biott, C. Imposed support for teachers' learning: Implementation or developmental partnerships[A], in Biott, C. and Nias, J. (eds) *Working and Learning Together for Change*[C]. Buckingham: Open University Press, 1991: 3-18.

[22] Lezotte, L. W., McKee, K. M. *Assembly required: A continuous school improvement system*[M]. Okemos, MI: Effective Schools Products, 2002.

[23] Copland, M. A. Leadership for inquiry: Building and sustaining capacity for school improvement[J]. *Educational Evaluation and Policy Analysis*, 2003, 25: 375-395.

[24] [25] [28] Greemers, B., Stoll, L., Reezigt, G., the ESI team. (2007). Effective School Improvement-Ingredients for success: The results of an international comparative study of best practice case studies[A]. In Townsend, T. (ed) *International Handbook of School Effectiveness and Improvement: Review, Reflection and Reframing*[C]. Dordrecht: Springer, 2007: 825-838.

[26] Reezigt, G. J., Creemers, B. P. A comprehensive framework for effective school improvement[J]. *School Effectiveness and School Improvement*, 2005, 15 (4): 407-424.

[27] Scheerens, J., Demeuse, M. The theoretical basis of the effective school improvement model (ESI) [J]. *School Effectiveness and School Improvement*, 2005, 16 (4): 373-385.

第 3 章　有效的学校改进

学校改进是教育管理学术研究的一个重要领域，但归根结底其本质是一种实践。改进只有在学校现场真正付诸行动，才能切实促进学生的发展和学校的变革。那么，在实践中，什么样的学校改进是有效的学校改进？甄选学校改进最佳实践的标准是怎样的？能否建立一种发现、赏识和推广最佳学校改进实践的机制，让更多的中小学在借鉴成功经验的基础上开展学校改进，提高改进的实效性？有关问题亟待研究。

效能提升是衡量学校改进有效性的重要标准

通俗地讲，学校改进的目的就是让学校变得更好，变成学生学习的更好场所；[1] 而从学术角度来看，学校改进的最终目的是促进学生更好地学习与发展，提升学校的组织效能。因而，组织效能是否有所提升以及提升的幅度有多大，是衡量学校改进有效性的重要标准。

在定义和评估组织效能时，目标及其达成度不可或缺。但值得注意的是，各个国家在不同历史时期对教育目标的定位存在一定的差异。以美国为例，在 20 世纪 70 年代，学校注重学生的社会性与情感发展，强调学生之间的平等；而进入 80 年代，随着国际竞争日趋激烈以及《国家处于危险之中：教育改革势在必行》报告的发布[2]，越来越多的官员、政策制定者以及公众开始强调学业成绩和就业技能；[3] 到 90 年代，人们继续关注学业成绩，1994 年时任总统克林顿签署的《目标 2000：美国教育法案》拓展了对教育目标的表述，除关注常规的学习准备、高中生毕业率、学业成绩和公民意识之外，还特别强调要使美国学生的数学和科学成绩领先于世界。这一法案不仅确立了世界一流的学术标准，用以衡量学生的进步，并为加强教育问责制度提供了政策支持。[4]

在我国，很长一段时期以来教育目标基本都是培养全面发展的社会主义事业的建设者和接班人，但具体表述和侧重点在不同时期也存在细微差异。1993年，中共中央、国务院印发《中国教育改革与发展纲要》，提出"培养德智体全面发展的建设者和接班人"；[5]1999年，中共中央、国务院颁布《关于深化教育改革，全面推进素质教育的决定》，将"美"纳入培养目标，提出教育要"造就'有理想、有道德、有文化、有纪律'的、德智体美等全面发展的社会主义事业建设者和接班人"；[6]2019年，中共中央、国务院颁布《关于深化教育教学改革，全面提高义务教育质量的意见》，提出"发展素质教育，培养德智体美劳全面发展的社会主义建设者和接班人"，又将"劳"纳入人才培养目标之中，强调劳动思想、劳动品质，以及生活与职业技能的重要意义，进一步丰富了全面发展教育的内涵。[7]值得注意的是，在注重五育并举、全面发展的同时，我国还强调核心素养的培育。2014年，《教育部关于全面深化课程改革，落实立德树人根本任务的意见》要求研究制订学生发展核心素养体系，明确学生应具备的适应终身发展和社会发展需要的必备品格和关键能力，并将其落实到各学科教学中。[8]可见，教育目标的表述和侧重点在不同的历史时期，会随着教育形势的发展而有所变化，因而有关学校效能的具体定义和评判标准也要相应改变，这给学校改进的有效性评估带来一定的挑战。

在定义和评估学校效能时，我们可能还会面临另一个挑战，就是不同的人对效能及其评判标准的理解也存在差异。首先是不同专家从不同学科视角出发，提出不同的定义和分析方法。比如，张煜和孟鸿伟基于目标本位评估模式从产出看效能，将学校效能定义为"学校使得学生学习状况发生变化的方向、程度与大小"；[9]又如，哈格里夫斯（David H. Hargreaves）借鉴经济学中的投入—过程—产出框架定义学校效能，认为学校效能是指学校利用智力资本和社会资本，通过高杠杆策略达成学生在智力和道德表现上产出目标的程度。[10]如果一所学校在智力资本和社会资本上的投入比较少，但产出数量和质量上却比较好，那么这所学校就是高效能的学校。

其次，家长、学生、教师、社区人士、官员、政策制定者、媒体人、工商业人士等各种利益相关者站在不同的立场上，对学校效能的理解也往往不一样。[11]一般来说，官员在评估学校效能时更喜欢强调学校的资源投入及使用，如各种场馆的建设、教育教学设施的改善与使用、财政投入与人力资源投入等，这些投入在很大程度上影响着学校产出的数量和质量；教师倾向于强调教育教学的过程，在他们看来，只有采用适当的教学方法，创设积极的课堂氛围，在师生间建立平等友好的关系，激发学生主动学习，学校才能有好的产出；家长们在内心希望子女能全面又有个性地发展，但在升学制度的挤压下他们更看重学生的学习成绩，在他们的眼中，能让孩子升入梦想中的学校才是好学校；工商业人士在一定意义上代表了用人单位，所以他们在分析学校效能时则更强调学生成功就业所需要的品质和能力。每种利益相关者的立场和诉求不同，因而在分析学校效能时所看重的东西也就不一样。

不同历史时期国家和公众的教育目标定位不同，不同利益相关者对学校效能的理解也存在差异。在这样的情况下，评估学校改进的有效性必须注意以下三点。

第一，提高政策意识。学校教育既要服务于学生个人成长，又要满足社会发展的需求。国家对教育目标的表述通常反映在官方政策文本中。学校改进的评估者要通读有关政策，了解政策要求及政策制定的意图，用当下政策所倡导的质量观指导评估工作。比如，当下我国正在大力加强中小学劳动教育，力图构建德智体美劳五育并举的育人体系，所以在学校改进有效性评估中要有意识地关注学校劳动教育开展的情况及实际效果；又如，我国一直以来高度重视教育均衡与教育公平，那么，学校在多大程度上促进教育公平，让每个孩子都能享受到公平的教育，可以成为评估学校改进有效性的重要标准。

第二，以学生发展为本。教育是培养人、造就人的社会活动，这一本质决定了教育必须以人的发展为旨归；而学校作为有计划、有组织进行系统教育的专门性机构，承担着培养人、造就人的具体任务，其根本目的必然要指向学生发展。因此，评判一个学校改进项目的效果或一所学校的效能，必须以学生发展为本，考察学校在实质上促进学生发展的程度。即便一个学校改进项目不以促进学生发展为直接目的，其改进重点在于加强学校文化建设或改善学校办学装备，在评估项目有效性时也要从学生发展的角度进行分析，考察学校文化建设或改善办学装备为学生发展提供服务与支持的程度。

第三，全方位评估。评估的重要意图不是为了证明，而是为了更好地改进。[12] 借鉴 CIPP 评估模式①[13]，评估学校改进的有效性，不能只考察改进的结果，还要关注学校改进的背景、投入和过程，分析改进方案设计的合理性，发现方案实施过程中的经验与问题，为以后进一步改进学校工作提供决策依据。即便是在改进效果评估中侧重于结果评估，也不能将结果局限于学生的学习成绩，还要考察学生在能力、品行、情感、公民意识等多方面的发展。这样做不仅可以考察学校在促进学生全面发展方面的贡献，而且可以使评估兼顾多种利益相关者的不同诉求。

从问题解决到欣赏式探究

在教育质量监测和问责体制不断加强、人民群众对优质教育需求日益增长的背景下，每所中小学都试图通过持续的改进提高学校效能，而最常见的改进思路就是以问题为中心，通过问题的发现、分析和解决驱动学校改进，正如本书第二章提到的基于问题的学校改进模式、有效学校持续改进模式、学校改进探究循环模式一样，问题解决已然成为学校改进领域的基本思维方式。

这种思维方式之所以得到众人的支持，有学者将其归结为以下三个方面

---

① CIPP 评估模式由斯塔弗尔比姆（Daniel L. Stufflebeam）于 20 世纪 60 年代末 70 年代初提出。这种模式主张，评估不仅应该关心目标达成程度，还应关心目标是怎样筛选出来的以及目标是怎样达成的，所以评估应从背景（Context）、投入（Input）、过程（Process）、结果（Product）等多方面着手展开，这个模式后来被命名为 CIPP 评估模式。

的原因。[14] 一是科学范式的规训使然。科学研究方法训练让我们知道，研究就是分析和解决问题的过程，一个好的研究始于问题的发现与分析，终于问题的解决或部分解决。这种研究意识慢慢地渗透到日常工作和生活领域，成为人们的生活常态和工作方式。二是现代政治话语的发动。现代政治话语强调问题导向（如郭正模，2001[15]；冯刚，2013[16]），要求公共管理部门善于发现问题，找准工作痛点，然后想办法解决问题，积极响应公众诉求。教育部于 2013 年颁布的《义务教育学校校长专业标准》明确指出，"诊断学校发展现状，及时发现和研究分析学校发展面临的主要问题"，是校长专业能力的重要表现[17]。校长要善于发现和解决问题，以不断改善学校管理，提升组织绩效。三是工商业成功案例的示范。在工商管理领域，泰勒主义具有深远的影响。许多管理者像看待机器一样看待组织，相信"问题是发展的起点"，倾向于通过 SWOT 分析、差距分析、组织诊断、平衡计分卡分析等方法，发现组织中迫切需要解决的问题，然后提出战略举措和行动方案。他们的成功案例在管理者中传播，发挥了一定的榜样示范作用。目前，SWOT 分析、平衡计分卡等分析工具在学校改进中也得到较为广泛的应用，以问题为导向的战略规划思路也在影响着学校改进实践。

应该说，基于问题的学校改进在很大程度上促进了问题的解决与效能的提升，也在一定程度上赋能了学校发展，提高了参与者的研究能力与领导力。但不可否认的是，问题解决式的学校改进也存在一些亟待关注的弊端。巴雷特（Frank Barrett）和弗莱（Ron Fry）从六个方面分析了问题解决的主要弊端。[18]

一是碎片化。当前组织面临的问题通常比较复杂，需要很多人协调完成。为了更好地解决问题，复杂的工作通常被分解成若干个领域和具体任务，每个人只负责其中或大或小的一部分，工作被碎片化。每个人都熟悉自己负责的工作，在自己的领域成为专家，但对其他领域和任务缺乏了解，甚至不愿参与，致使大家不能从全局上考虑问题。

二是漠视可能性。在实践中，问题通常是基于一个既定的理想标准，用标准与实践做对照而发现的。以问题解决思维模式开展工作的人，都熟悉和认同理想的标准或工作指南，并按照这个标准或指南去推动工作，这就可能加大维护现状的守旧风险。人们只会学着去做那些框架内可行的事情，而不是努力去寻求创新，发现新的问题解决思路和方法。

三是缺陷预言的自我实现。在问题解决体制下，人们总是担心自己的表现不好，为可能出现的问题担惊受怕，竭力避免出现问题。不幸的是，有时候问题却偏偏不明所以地出现了，使工作陷入被动。

四是过度依赖专家和科层制。问题解决方式非常重视专家的引领和支持，强调专家的权威。久而久之，组织中的那些非专家成员会逐渐养成一种被动的依赖习惯，专家告诉我怎么做，我就怎么做，自己对工作缺乏深度的思考，不愿或不敢主动寻找解决问题的方法。

五是疲于应付和短视。问题解决了一个，又会来下一个，一个接一个的问题，令人疲于应付，情绪处于消极状态，使人们失去主动性、创造力和自信心，看不见未来的挑战与工作中潜在的风险。

六是加剧分裂。组织重视问题的分析与解决，也会相应建立问题的责任追究机制。所以，当组织出现问题时，很多人会倾向于归罪于外，把问题的责任推给他人，严重时甚至会相互攻击，而不是冷静地直面问题与客观地分析问题，不利于组织的团结。

欣赏式探究（Appreciative Inquiry，AI）为组织改进提供了一种全新的思路和方法。美国凯斯西储大学韦瑟黑德管理学院的教授库珀里德（David Cooperrider）是欣赏式探究理论的奠基人。有一次，他采访一名成功企业家时，当他问完"你在创业过程中遇到的最大失败是什么""你是如何克服的"等常见问题之后，他多问了一个问题，"你在创业过程中最成功的一件事情是什么？"库珀里德看到那个企业家听到这个问题后先是陷入沉思，而后眼睛里充满光芒，兴奋地跟他讲述了一件他认为最成功的事情。两周之后，库珀里德接到这位企业家打来的电话，这位企业家说，"感谢你的那次采访，我现在想起来，内心里还充满喜悦，过去这段成功的经历，给我很大力量，让我更加热爱现在的事业！"库珀里德也很受鼓舞，于是开始研究这背后的原因。[19]

经过多年的研究，库珀里德与其合作者惠特尼（Diana Whitney）共同提出欣赏式探究理论[20]，目前已广泛应用于企业变革、战略规划、组织文化、管理沟通等多个领域。这一理论认为，当一个组织处于发展巅峰，最富有生机、最有效、最成功，与利益相关者和社区保持健康关系的时候，它总有一些做得对、做得好的地方。[21]欣赏式探究让管理者、员工、顾客和其他利益相关者通过协商对话，发现组织做得好的地方，欣赏组织的优势、专长与核心竞争力，并在此基础上构想与设计未来业务，最终促进组织改进，实现在财务、客户、内部运营、员工学习与成长等多方面的改善。[22]

欣赏式探究提出了一套全新的管理哲学，也构建了一个具有操作性的组织变革模式。这个模式由发现（Discovery）、构想（Dream）、设计（Design）和实现（Destiny）四个步骤构成，各个步骤之间相互依赖、相互作用，并且循环往复。因这四个步骤的英文单词首字母均为D，所以也称4D循环模式。该模式的具体要求如下。[23]

● 发现：动员组织中的每一个人及各种利益相关者，通过协商研讨式的深度对话，发现组织做得最好的地方，识别组织的优势、最佳实践，以及优异、活力、巅峰表现的来源，欣赏组织及组织中人所具备的闪光点。

● 构想：让组织成员将目光由现状分析转向更有价值和更加美好的未来，构建组织未来发展的共同愿景，明确组织的核心目的和战略目标，以此鼓舞和凝聚大家为组织变革而努力。

● 设计：在共同愿景的激励下，组织成员根据现实条件设计实施方案，以在"发现"阶段发现的组织优势与专长为杠杆，采取高效战略举措推动组织创造性地发展，实现"构想"阶段勾勒出的共同愿景。

● 实施：组织成员齐心协力，将制定的战略举措付诸行动，并根据进展情况进行必要的调整，在实践中不断推广优秀经验和拓展组织专长，同时生成新的经验与优势。

欣赏式探究是在对问题解决思维方式进行批判的基础上产生的，它在一定程度上克服了问题解决方式可能产生的弊端，在组织内创造开放、参与、赏识、信任与合作的文化，促进组织成员相互启发和共同成长，对于组织发展和学校改进具有重要的借鉴意义。[24]当然，在实践中，我们还不能从一个极端走向另一个极端，不能由原来过分倚重问题解决，一下子演变成全面拒绝问题解决，全面变成欣赏式探究。两个改进思路各有其优势，应该在实践中结合起来使用。

欣赏式探究带给我们的启示是多样化的。学校改进在基于问题的同时也可以进行欣赏式探究；而且，我们在校际之间也可以整合欣赏式探究、标杆管理经验法和最佳实践法，建立一种相互学习、共同发展的新机制，具体做法就是发现某些学校在改进中积累的最佳实践，让更多学校在欣赏他人成就与经验的基础上，构想和推动本校的学校改进。

探究最佳实践

受欣赏式探究的启发，我们可以寻找学校改进的最佳实践，欣赏这个最佳实践案例中的核心经验，探究将其应用于所在区域或更大范围学校的方法，推广最佳实践，推动学校改进。而要在学校改进领域建立寻找和推广最佳实践的机制，需要先制定学校改进最佳实践的认定标准。

建筑、交通、工商管理、高等教育、健康服务等很多行业领域都讨论和使用最佳实践。在最佳实践认定过程中，有人建议使用严格的标准，比如布雷什内德（Stuart Bretschneider）、马克奥雷尔（Frederick J. Marc-Aurele）和吴（Jiannan Wu）认为，最佳实践需要在所有情境下接受检验，在某个特定情境下成功解决问题的实践不能算作最佳实践，只有在各种不同情境下都能适用的经验才能被认定为最佳实践。他们还强调，最佳实践还要经过方法比较，也就是说找出解决同类问题的不同方法，然后比较各种方法的有效性，比其他方法更有效的方法才能被认定为最佳实践。[25]有人则对这种严格的认定标准提出质疑，因为基于权变理论，一种战略举措或工作方法是否能有效解决组织面临的问题，还有赖于问题背后的情境，在一种情境下有效的方法在另一种情境中可能效果不尽如人意，甚至适得其反。[26]在实践中，要找到一种能"放之四海而皆准"的理想化问题解决方案几乎是不可能的。所以，更多的人倾向于在最佳实践认定中采取宽松的标准，认为在某种情境下能相对较好地解决某种问题的实践就可以算作最佳实践。

在学校改进领域，我们支持相对意义上的最佳实践概念。这种相对性体现在两个方面。其一，最佳实践中的问题解决方法相对于其他方法是最佳的，但并不一定是十全十美的；其二，最佳实践中方法的有效性是相对于某种或某几种特定的情境而言的，不一定适用于所有的情境，即便适用，在不同情境下使用的效果也可能存在差异。

基于这样的概念，我们建议从四个方面认定最佳实践，这四个方面分别是真实性（改进实践是真实发生了的）、有效性（学校得到了有效的改进）、内在效度（改进效果是改进措施发挥作用的结果）和外在效度（改进的经验可以推广到其他学校）。以下对四个标准依次进行深入的阐释。

真实性

用真实的数据与事实说话，讲真实发生的故事，是最佳实践的前提性条件。之所以把它放在第一位予以强调，是因为实践中确实存在虚构、隐瞒或夸大某些事实的教育故事或学校改进案例。生意场上有种说法是，"七分靠做三分靠说"，或"三分靠做七分靠说"，其意思都是说想做好生意要说做结合，既要做好产品与服务，又要做好宣传和推销，有时候说比做还重要。将这句话转换到学校工作场合，有的学校管理者为了评奖或其他原因，会在向上级汇报工作或与同行分享经验时投机取巧，做不实陈述，少做的事情可能多说，没做的事情可能也说，有些做了的事情可能又刻意隐瞒。在学校改进最佳实践评选和认定过程中，评估者首先要做的应该是审查材料的真实性，而且必须深入到学校现场当面听取利益相关者代表的意见，确保学校改进针对的是真实存在的问题，而不是虚构或夸大了的问题；确保改进的过程真实发生，成效是靠真抓实干取得的；确保案例中涉及的数据真实可靠，涉及的人物、事件和细节也准确无误。真实的案例，才能真正对其他学校有启发意义，才具有向更大范围推广的价值。

有效性

最佳实践必须在结果上有效地促进学校改进。在哪些方面有所改进，取决于学校改进项目启动时设计的预期目标。如果预期目标指向学生学业成就的提升，那么评估者要重点分析学生学业成就的水平及提升程度；如果预期目标是学校办学设施的改进或干部领导力的提升，那么评估者则要重点分析办学设施的改善程度或干部领导力提升的表现。但正如前文所述，评估学校改进的有效性，要以学生发展为本，所以即使有些改进项目的预期目标不是直接指向学生发展，也要深入分析它对学生发展的影响，看它在多大程度上服务于学生发展和对学生发展提供了支持。

另外，受目标游离评估模式的启发，评估者在认定最佳实践时不能局限于预期目标达成度的分析，还要关注预期之外的"非期望效应"（也称副效应）。[27] 因为，有些改进项目以典型的方式来实现其预期目的，却可能由于某些不容忽视的副效应而功败垂成；而有些方案在达到预期结果方面成绩甚微，甚至没有任何成绩，却可能因取得了某些重要但没有预期到的进展而圆满结束。为了避免可能的偏见和提高客观性，评估者要从预期目标中游离开去，不受其束缚，全面考察改进项目的实际成果和可测量效果，而不仅仅是预期效果。

内在效度

内在效度（internal validity）指实验研究中自变量和因变量之间存在明确因果关系的程度，即因变量的变化，确实由自变量引起，是操控自变量变化的直接结果，而非其他未加控制的因素所引发。内在效度是分析实验研究或准实验研究质量最为重要的一个指标。从某种意义上说，学校改进的过程就是一个行动研究的过程，也是一项准实验，所以在学校改进最佳实践认定中，评估者要特别关注案例的内在效度。

一个学校改进项目即使在结果上是有效的，但如果内在效度不高，有理由认为改进结果不是由改进核心举措带来的，而是其他无关因素导致的，那么这个改进项目也不能成为最佳实践。举个例子来说，某薄弱校计划通过加强教师培训、改进课堂教学方式、加大学生课后作业量等举措，提升学生统考科目的成绩。改进一年后，学生参加统一考试的成绩有较大的提升，与其他优质学校学生成绩的差距明显缩小，看上去改进在结果上是有效的。但进一步分析发现，该校学生成绩有提升是因为这次区统考主要考查学生基本知识和基本技能的掌握程度，题目难度大幅降低，题目的区分度也下降了。一方面区内所有学生的成绩普遍有所提升，另一方面优质学校的学生通常以做难题见长，其优势在这样的统考中无法体现，与这所薄弱校学生的成绩差距也就大幅缩小了。换而言之，这所薄弱校学生成绩的提升以及与优质校学生差距的缩小，不是由他们的改进措施带来的，而是由区统考命题变化带来的。这个改进案例的内在效度不高，他们的经验就不能认定为最佳实践。

从学术上看，有八类因素与实验的内在效度有关，可能会威胁实验的内在效度。[28] 这八类因素分别是：

- 同时事件：在实验进展过程中，没有预料到的某个事件同时发生，影响了因变量的变化。
- 成熟：时间在被试身上起作用，因为被试在实验期间自然成长引发因变量的变化，而不是实验中控制的自变量在发挥作用。
- 测验：在实验过程中被试接受多次测验，前一次测验对随后另一次测验产生了影响，造成后一次测验分数的改变。
- 测量工具：如果测量工具本身的结构效度不好，不能准确测量因变量，那么由这种工具测量所得结果，其变化不能认为是自变量引发的。
- 统计回归：如果被试在实验前后都接受测验，前测中高分者和低分者在后测中的成绩有向平均数回归的趋势。如果基于前测选取实验对象时，选取的都是低分被试，其后测成绩提升可能不是由干预措施带来的，而是统计回归的结果。
- 样本选择偏误：实验中选取被试时未能随机分配或控制好无关因素，不同组别的被试存在某些特质上的差异，比如实验组被试比对照组被试更聪明，那么实验结束后两组被试在成绩因变量上的差异，可能不是实验变量带来的，内在效度不好。

- 样本流失：在实验期间，有些被试退出实验，影响了被试的代表性和组间的平衡，所以会对内在效度产生不良影响。
- 样本选择与成熟的交互作用：指被试选择和被试成熟两种因素相互作用，干扰了自变量与因变量之间的因果推论。当实验组与对照组的被试在某项特征上的成熟速度不一致时，就会出现两者的交互作用。

在学校改进实践中，预期目标的达成是否是由改进举措导致的，两者之间因果关系或相关关系的程度究竟怎么样，改进措施真的发挥作用了吗，这些是内在效度所关心的问题。内在效度是学校改进最佳实践评定中不可或缺的一个标准。上述八种因素都可能影响学校改进项目的内在效度，所以评估者在认定最佳实践时需深入分析。

外在效度

除了内在效度，外在效度（external validity）是衡量实验研究质量的另一个重要指标。外部效度是因变量与自变量之间关系的推广性程度，涉及实验结论能否外推到其他被试群体或情境中，反映了研究结论的概括力和外推力。一项实验研究如果内在效度高，说明在实验发生的特定情境下，自变量的改变有效地促进了因变量的变化，但这种效应如果不能一般化到其他被试群体或情境中去，也就是外在效度不高，那它也不是一项很好的实验研究。

回到学校改进领域，学校在所面临问题的表现、程度和原因上，在可以利用的资源和条件上，在可以采取的战略举措和具体做法上，都存有很大差异，但它们之间也一定存在很多共性。一所学校的成功改进经验，如果不能外推到这所学校之外的任何一所学校，外在效度很糟糕，即使它的内在效度很好，也不能被认定为最佳实践。当然，如果用0~1的数字来表示外在效度，外在效度为0或1的成功改进实践，几乎是不存在的，绝大多数改进实践的外在效度在这个连续体中间的某个位置上。外在效度越好，能适用的范围越大，能推广的情境越多样化，这样的改进实践越应该被认定为最佳实践。

在实验中可能威胁外在效度的因素主要有以下四种情况。[29]

- 测验的交互效应。测验不仅可能影响内在效度，也可能会威胁实验的外在效度。当被试在干预前后接受两次测验时，被试可能因接触前测题目而更了解实验目的，有助于实验效应的发生。当这项研究外推到其他被试群体，可能由于没有前测导致实验效应无法显现。

- 样本选择与实验变量的交互效应。在一项实验中，如果样本选择存在偏误，容易与实验变量产生交互作用。比如，实验组中的被试参与实验积极性高，而控制组被试动机较低，会导致实验外推到其他被试群体时难以成功复制。

- 实验安排的反应效应。不论实验组或控制组的被试，如果觉察到自己正在参与一项实验，容易产生不同平常的反应。这种霍桑效应既影响实验的内在效度，又会在一定程度上影响实验的外在效度。

- 多项实验处理干扰。当被试在整个实验过程中接受多个实验处理，后一种实验处理的效果容易受前一种处理的影响。这种多实验处理的实验结论无法适用于只采用单一实验处理的实验情境，也会影响实验的外在效度。

在学校改进最佳实践认定过程中，评估者在考察改进实践内在效度的同时，必须同时深度分析改进实践的外在效度。外在效度达到可接受程度的改进实践，才能拓展应用到更多面临类似问题的学校，充分发挥其示范、引领和推动的积极作用。

最佳实践案例的价值与意义

在一定范围内寻找最佳学校改进实践，对于被认可的学校而言是一种莫大的激励，但最佳实践的价值与意义显然不局限于此。其价值与意义还可以体现在如下几方面。

首先，鼓励更多的学校以研究者姿态开展学校改进。学校改进不仅要有明确的目标和所针对的问题，而且要紧密结合学校的实际，提出并实施有针对性的改进方案，所以每一所学校的每一轮改进都应该是一个行动研究的过程。每一项学校改进最佳实践，无论来源学校声称自己采用哪一种模式，改进过程大致都要经过问题识别与诊断、提出改进目标与方案、实施、反思等几个环节，研究展开的步骤依稀可见。没有研究，靠"拍脑袋"或"长官意志"推动的学校改进，即便有时候成功解决了问题，其经验也难以为其他学校所借鉴，外在效度不好，因而不可能成为最佳实践。寻找、认定，并广泛宣传最佳实践，可以让更多的学校管理者意识到，只要本校以研究者的姿态，敏感地发现问题，勇敢地直面问题，严谨地分析与解决问题，也可以成就学校改进的最佳实践，成为其他学校学习的榜样。

其次，让更多学校不要总是片面追求特色和"摸着石头过河"，而是合理借鉴他人成功经验。20世纪90年代，邓小平针对推动具有中国特色的社会主义建设没有成功经验可资借鉴的情况，提出在广泛借鉴人类优秀文明成果的同时"摸着石头过河"，体现了一种超凡的政治智慧。但现在有人将这些政治遗产教条化，做什么事情都声称要有自己的特色，都要"摸着石头过河"。比如，学校要创办自己的办学特色，片面追求"一校一品"，甚至有校长声称要"人有我无"，别人做过的我就不想做了，"人无我有"，别人没做的我才去创新。在学校改进方法上，很多学校不愿意学习他人经验，更愿意"摸着石头过河""另辟蹊径"。即便有时绕不开他人的成功经验，采用了一样或基本相似的做法，也要给自己的实践取个与众不同的新名字。这或多或少地增加了探索的成本，也会影响学校改进的实效。学校管理者要保持开放的心态，学会"站在巨人的肩膀上"，向他人学习。广泛宣传和推广学校改进的最佳实践，就是让更多学校能在改进中自觉借鉴他人成功经验，更快更好地推动学校改进。

另外，在学校管理者培训中推动案例教学，能够提高培训效果。我国一直重视学校管理者培训。2013年《义务教育学校校长专业标准》（教师[2013]3号），以及2015年《普通高中校长专业标准》（教师[2015]2号）和《幼儿园园长专业标准》（教师[2015]2号）的相继颁布，更是使学校管理者培训受到前所未有的重视，培训数量不断增加。但是，培训的实效却不尽如人意[30-31]，主要原因是培训内容存在学科化倾向，理论脱离实际，缺乏实践性与操作性，而且培训形式比较单一，主要由培训者讲，培训对象被动地听。要有效克服这些问题，学校管理者培训必须转向以学习者为中心、基于真实情境中的问题、注重实践知识和实用技能的新型培训。案例教学成为一种比较理想的选择。[32] 而将学校改进的最佳实践案例引入到案例教学中，可以先呈现案例中学校面临的真实情境和疑难问题，让参与者研讨提出解决问题的思路和方法，然后再分享案例学校实际采用的问题解决方法，在比较中分析各种方法的利与弊，探寻更加适合、有效的方法，从而提升管理者培训的启发性、吸引力与实效性。

参考文献

[1] Hopkins, D., Ainscow, M., West, M. *School Improvement in an Era of Change*[M]. London and New York: Cassell, 1994: 3.

[2] National Commission on Excellence in Education. *A Nation at Risk: The Imperative for Educational Reform*[R]. Washington DC: U.S. Government Printing Office, 1983.

[3] Wimpellberg, R. K., Teddlie, C., Stringfield, S.Sensitivity to Context: The Past and Future of Effective Schools Research[J]. *Educational Administration Quarterly*, 1989, 25: 82–107.

[4] 郭勇. 美国教育问责制：历史变迁及特色[J]. 外国中小学教育, 2011, (1): 41–46.

[5] 中共中央, 国务院. 中国教育改革和发展纲要[Z/OL]. http://www.moe.gov.cn/jyb_sjzl/moe_177/tnull_2484.html, 1993-02-13/2020-5-15.

[6] 中共中央, 国务院. 关于深化教育改革，全面推进素质教育的决定[Z/OL]. http://www.moe.gov.cn/jyb_sjzl/moe_177/tnull_2478.html, 1999-6-13/2020-5-15.

[7] 中共中央, 国务院. 关于深化教育教学改革，全面提高义务教育质量的意见[Z/OL]. http://www.moe.gov.cn/jyb_xxgk/moe_1777/moe_1778/201907/t20190708_389416.html, 2019-06-23/2020-02-18.

[8] 教育部.关于全面深化课程改革,落实立德树人根本任务的意见[Z/OL]. http：//www.moe.gov.cn/srcsite/A26/jcj_kcjcgh/201404/t20140408_167226.html,2014-4-8/2020-5-15.

[9] 张煜,孟鸿伟.学校效能研究与教育过程评价[J].教育研究,1996,(7)：59-64.

[10] Hargreaves, D. H. A Capital Theory of School Effectiveness and Improvement[J]. *British Educational Research Journal*, 2001, 27（4）：487-503.

[11] 霍伊,米斯克尔.教育管理学：理论·研究·实践（第7版）[M].范国睿,译.北京：教育科学出版社,2007：264-265.

[12] Stufflebeam, D. L. The CIPP Model for Evaluation[A]//Madaus, G. F. et.al. *Evaluation Models：Viewpoints on Educational and Human Services Evaluation*（*2nd edition*）[C]. Berlin：Springer, 2011：283.

[13] Stufflebeam, D. L. The relevance of the CIPP evaluation model for educational accountability[J]. *Journal of research and development in education*, 1971, 5（1）：19-25.

[14] 张新平.中小学校长：从问题解决者转向欣赏型领导者[J].中小学管理,2015,（4）：15-17.

[15] 郭正模.农民增收问题：理论分析与政策导向[J].社会科学研究,2001,（5）：24-29.

[16] 冯刚.以问题为导向推进思想政治教育创新发展[J].思想教育研究,2013,（6）：3-7.

[17] 教育部.义务教育学校校长专业标准[S/OL].http：//old.moe.gov.cn/publicfiles/business/htmlfiles/moe/s7148/201302/147899.html,2013-2-4/2019-10-5.

[18] Barrett, F. J., Fry, R. E. *Appreciative Inquiry：A Positive Approach to Building Cooperative Capacity*[M]. Ohio：Taos Institute Publications, 2008.

[19] 王阿芹.浅谈欣赏式探询在企业的应用[J].中国外资,2014,（1）：90-92.

[20] Cooperrider, D. L., Whitney, D. A positive revolution in change[A]. In Cooperrider, D. L., Sorenson, P., Whitney, D., Yeager, T.（eds.）. *Appreciative*

Inquiry: *An Emerging Direction for Organization Development*[C]. Champaign, IL: Stipes, 2001: 9–29.

[21] Cooperrider, D. L., Whitney, D., Stavros, J. M. *Appreciative Inquiry Handbook*: *For leaders of Change*[M]. San Francisco: Berrett–Koehler Publishers, 2008: XV.

[22] 翟文娟, 何文娟. 欣赏式探询 [J]. 现代营销（下旬刊）, 2015,（5）: 38–39.

[23] Cooperrider, D. L., Whitney, D.A. *Positive Revolution in Change*: *Appreciative Inquiry*[OL]. https://www.researchgate.net/publication/237404587_A_Positive_Revolution_in_Change_Appreciative_Inquiry, 2015-2-13/2020-7-5.

[24] 毛文静. 欣赏式组织：组织发展新趋势 [J]. 未来与发展, 2012,（2）: 17–20.

[25] Bretschneider, S., Marc–Aurele, F.J., Wu, J. "Best Practices" Research: A methodological guide for the perplexed[J]. *Journal of Public Administration Research and Theory*, 2005,（15）2: 307–323.

[26] Purcell, J. Best practice and best fit: Chimera or cul–de–sac[J]. *Human Resource Management Journal*, 1999, 9（3）: 26–41.

[27] Scriven, M. Pros and cons about goal–free evaluation[J]. *Evaluation Comment*, 1972, 3（4）: 1–7.

[28] [29]Campbell, D. T., Stanley, J. C. *Experimental and quasi-experimental designs for research*[M]. Chicago, IL: Rand–McNally, 1963: 5; 5–6.

[30] 李轶, 李卫兵. 校长培训有效性研究 [J]. 国家教育行政学院学报, 2004,（1）: 78–82.

[31] 赵海涛. 基于问题的校长培训模式研究 [J]. 华东师范大学博士论文, 2005.

[32] 林森. 中小学校长培训"案例教学"模式探析 [J]. 教育研究, 2007,（5）: 93–96.

第二篇 学校改进最佳实践案例分析

"以铜为镜，可以正衣冠；以史为镜，可以知兴替；以人为镜，可以明得失"，剖析学校改进领域的最佳实践案例，可以从中借鉴改进学校工作的思路与方法。

第 4 章　现代学校治理视野下的未来发展规划

站在"十三五"收关和"十四五"开局的历史节点,作为一所新建不久的全日制公办小学,北京市昌平区第四实验小学要对未来发展进行规划。在现代化治理理念的指导下,学校开展了广泛而深入的调查和研讨,一方面了解家长、教师等不同利益相关者群体对学校发展的期待和建议,另一方面藉此凝聚人心、鼓舞士气,为未来学校发展奠定良好的基础。现在,学校将组织文化定位为致远教育,提出了发展愿景和办学理念,发展战略和实施策略也在推动中。

学校基本情况

实验四小是北京市昌平区教委直属的一所新建全日制公办小学,于2017年9月1日正式建校。学校占地10700平方米,建筑面积9108.37平方米,其中体育馆面积671平方米。学校现有13个教学班,460名学生,其中京籍204人,占44.34%。学校现有教职工45人,其中一线教师43人。教师平均年龄约29岁,其中30岁及以下31人,31~35岁4人,36~40岁5人,41~45岁3人。在全体师生和家长的共同努力下,学校各项工作都已取得了积极的进展,受到广泛好评。学校获得昌平区教育教学质量先进单位、北京市交通安全教育先进学校等荣誉。

校长简介

李立荣（1979-），女，本科学历，高级教师，现任北京市昌平区第四实验小学党支部书记、校长。从教 23 年，既有在城区小学工作的经历，也有在农村小学奋斗的历程，始终不变的是她作为教育工作者的使命与担当。"办一所有温度的学校，培养心中有爱、眼中有人，能适应未来社会发展需要的学生"，是李校长的教育梦想。

案例分享

学校是我家，规划靠大家

2018 年，北京市教委印发《推进义务教育学校管理标准化建设实施方案》（京教基一〔2018〕3 号），在全市范围内高质量、高水平推进义务教育学校管理标准化建设工作，其中一项重要任务就是促进学校治理体系和治理能力现代化。具体要求是：依法制定和修订学校章程，提升依法治教、依法治校能力；持续推进学校文化建设，为师生成长发展创设良好氛围；建立健全民主管理制度，明确教职工和学生参与学校民主管理、监督的形式和途径；密切学校与家庭、社区的联系，促进形成家校社协同育人的工作体系。

在推动学校管理标准化建设过程中，我们深切意识到，现代化治理应该成为指导学校管理工作的核心理念，成为学校管理工作的常态。首先，建立健全学校各项制度，依法和依章治校，促进学校管理制度化，是学校管理的前提；其次，加强学校民主管理，在涉及师生重要利益的事务决策中，要让师生、家长等有充分的参与机会，有公开透明的程序作为保障，使各项决策能最大程度上获得师生的支持；另外，学校还要做好家校沟通，推动家校合作，让家长成为学校发展的监督者和伙伴。

2021 年是"十四五"的开局之年。作为一所新建校，我们希望能通过现代学校治理理念，规划学校未来五年的发展。在制订未来学校发展规划的过程中，我们要研究和回答很多重要问题，要进行分析与决策，比如，"学校文化怎样定位""学校要向何处去""我们怎样到达那里""哪些事务需要优先解决"。对这些问题的回答和决策都要深入贯彻现代化治理理念，让学生、教师、家长等各种人群都积极谏言和参与有关工作。这不仅有利于学校了解、听取、家长和教师等不同群体对学校发展的意见和建议，使规划能响应大家关切的问题，能基于学校实际和真正引领学校的发展，而且，这个让大家广泛参与的过程本身也是凝聚人心、鼓舞士气的过程，让大家更关心学校事务，更愿意为学校发展做贡献，为未来学校发展规划的实施打下良好的基础。

实验四小目前现有师生人数不是很多，但大家都以十足的干劲融入学校的建设，都很团结，心气儿很足。所以，我们希望让每一个教师、学生和家长都能以不同形式，在最大程度上参与到本轮学校发展规划的制订过程中，共同描绘学校未来的愿景，共同讲好实验四小跨越发展的故事。

用一句通俗易懂的口号来说，就是"学校是我家，规划靠大家"。

学校文化怎样定位

实验四小是一所新建校，学校的教师队伍非常年轻。这群教师以饱满的工作热情与积极的工作态度投身于教育教学中，让学校办学有了一个良好的开端，也赢得了家长与社会的充分认可。

站在新时代发展的历史节点，展望未来，实验四小要办成怎样的学校，学校文化怎样定位，用什么样的办学思想来引领学校的发展呢？从现代学校治理理念出发，我们在多种场合，用正式与非正式的方式广泛征求大家的意见。在征求意见过程中，家长和老师提出了很多不同的概念，而其中被提及最多的说法是面向孩子的未来，奠基孩子未来发展。

是的，作为一所年轻的学校，我们要深入学习发达国家和优秀学校的先进理念，用面向21世纪、面向未来的现代理念引领学校发展与学生成长，将学生培养成具备关键能力与核心素养，能迎接未来社会挑战，助力社会进步的现代公民，让孩子们站得更高，走得更远，走向诗和远方。与此同时，我们也深知，仅仅有梦想是不够的，我们还要戒骄戒躁，以严谨务实的精神,在细节上下足功夫,脚踏实地地推动各项工作,用扎实学识教书,用仁爱之心育人,构建全员、全面、全程、全景的综合育人模式。

于是,我脑海里不断浮现三国时期杰出政治家诸葛亮在《诫子书》中给儿子诸葛瞻写的一句话:"非淡泊无以明志,非宁静无以致远"。人生需要沉淀,宁静才能致远。淡泊是一种人生态度,宁静是一种至高无上的生活氛围,懂得沉淀的人,更倾向于向内探索自己,安静地和自己对话。如此宁静,才能致远。就此意义来看,我觉得"宁静致远"这个提法特别适合年轻的实验四小,我们既要心系远方,面向未来,又要扎实肯干,砥砺前行。

"宁静致远"的提法一经提出,很快就得到多数人的认可。经过几轮的意见征询、主题研讨以及专家咨询,实验四小最终将学校文化定位整合为:致远教育。在研讨过程中,我们还澄清了致远教育的内涵,主要体现在以下几个方面:

● 理想教育。人无理想不立。每个人都要有理想信念,要对自己的人生发展有较为清晰的规划。哪里的远方才是我们"心之所向,身之所往",需要谨慎的思考和细致的规划。四小的师生要心中有向往,肩上有担当,即使素履一双也能有踏遍山河的力量。

● 意志品质教育。人生不可能都是一帆风顺的。在奔向远方的过程中,每个人都会遇到各种各样的艰难险阻,但"行则将至",只要我们一心一意且坚忍不拔,只要学生自觉、自制、果断、坚毅,一定可以行而不辍,未来可期,一路同行,奔向远方。

● 行为养成教育。"少成若天性,习惯成天然。"习惯奠基一生。良好的习惯是行稳致远的重要保障。行为养成教育就是让学生既有良好的学习与做事的习惯,又在为人处世中养成和言雅行的涵养与修为,勿以善小而不为,勿以恶小而为之,这样才能有宁静的心态,才能有致远的能力。

这一文化定位凝聚了学校内外多种群体对学校发展的共识,发挥了凝心聚力的积极作用。特别是教师们,他们希望用自己的朝气和智慧,谱写实验四小未来发展的新篇章,将实验四小建设成一所让教师自豪、学生幸福、家长放心、社会满意的市区级品牌学校。

远方很远,未来已来。实验四小将一直砥砺前行,奔向远方。

学校要向何处去

文化定位为学校未来发展设定了基调,而学校究竟要往何处去,可以提出怎样的发展愿景,要培养什么样的人,则需要进一步研究。

现代管理学之父德鲁克指出,"'我们的事业是什么'并非由生产者决定,不是靠公司名称、地位或规章来定义,而是由顾客购买产品或服务时获得满足的需求来定义",要明确组织发展愿景,"我们只能从外向内看,从顾客和市场的角度来观察我们所经营的事业"。只有以顾客为中心,满足顾客的需求,企业才能生存和发展。[1]对于中小学未来发展规划来说也是如此。所以,实验四小不仅强调每一个教职员工要站在学生及其家长的视角针对愿景建言献策,而且还通过个别访谈、集体座谈、问卷调查等多种方式深入了解每一位家长对学生发展的期待和建议。

在一次问卷调研中,我们提供了有关学校发展愿景的三种表述,让教师和家长从中做出选择。这三种表述分别是:(1)人和行美能致远,勤学慎思向未来;(2)培养有中国之心、有世界眼光、有领导力的新时代少年;(3)培养知书、识礼、求真、向善的致远少年。结果参见图4-1,42名教师中有61.9%的人,432名学生家长中有60.6%的人选择了第一种表述。

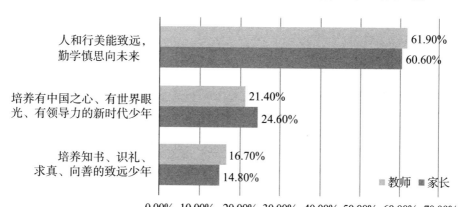

图4-1 教师和家长心中的学校发展愿景

结合"致远教育"的文化定位，整合家长、教师及专家的建议，实验四小确立了未来发展愿景，具体表述为：致力于提供安全、快乐且富有挑战性的学习环境，提供扎实、多样、有特色的课程，让每一个学生都心中有爱，眼中有人，宽容、尊重与关爱他人，和言雅行，人和行美；都勤于学习，善于沟通合作，会审辨式思考，敢于创造性解决问题；培养德智体美劳全面发展的致远少年，建设既有温度又有时代感的学校，使学校成为教师自豪、学生幸福、家长放心、社会满意的市区级名校。

这个愿景明确了实验四小的育人目标，即在全面育人、五育并举的基础上，特别强调人和、行美、勤学、慎思四个方面的核心素养。对这些核心素养解释如下。

● 人和，即一个人只有心中有爱，眼中有人，有仁爱之心，能宽容、尊重和关怀他人，才能做到内心平和，淡泊宁静，志存高远，才能坚毅勇敢，坚忍不拔，为行稳致远创造可能。

● 行美，即一个人在内强素质的同时还要外塑形象，要表现出良好的习惯和言行，和言雅行，遵规守纪，举止文明，进退有度，彰显致远少年的风度，同时具备良好的处世与做事能力，能高效解决生活中的问题。

● 勤学。勤能补拙，静以生慧。"学须静也，才须学也"，只有一个人对事物葆有浓厚的学习兴趣和好奇心，专心致志，勤于学习，善于思考，不仅乐学，而且会学，才能掌握多样化的知识与技能，才能博学多才。

● 慎思。"博学之，审问之，慎思之，明辨之，笃行之。"审问、慎思和明辨的能力，是高阶思维能力，是一个人心智水平的核心体现。致远少年要积极参与深度学习，善于审辨式思考，敢于创造性地解决问题，具有良好的思维品质。

将四方面的核心素养放在一起，可以用一句话来概括实验四小的育人目标和发展愿景，即：人和行美能致远，勤学慎思向未来。人和、行美是实验四小学生的必备品格，是"成人"的基本要求，是致远的前提。勤学、慎思是实验四小学生的关键能力，是"成才"的核心要件，为致远与可持续发展提供不竭动力。

对上述核心素养做进一步的深度分析，可以形成实验四小的核心素养框架。四方面的核心素养各划分出两个具体素养，共八个，寓意四平八稳，行稳致远（如图 4-2 所示）。

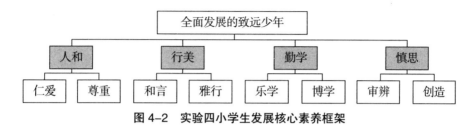

图 4-2　实验四小学生发展核心素养框架

这个愿景也阐明了实验四小的办学目标，即创造安全、快乐且富有挑战性的学习环境，提供扎实、多样、有特色的课程，建设既有温度又有时代感的学校，使学校成为教师自豪、学生幸福、家长放心、社会满意的市区级名校。

愿景是全体师生共同努力的方向、动力和信念。在未来，我们将坚持不懈地朝着这个目标努力，创造一个聚焦核心素养，让每一个致远少年人和行美、勤学慎思，让每一个致远教师爱岗敬业、和谐幸福，以此实现学校品牌与师生价值的共赢发展。

我们怎样到达那里

有了鼓舞人心的愿景，知道学校要往何处去，而我们怎样到达那里？我们的办学理念又是什么呢？围绕培养致远少年的愿景，我们让教师们基于自己的理解及学校的成功经验提出建议，并通过排序、投票等活动，最后将办学理念归纳为以下四点：以人为本、多元共治、欣赏探究、追求卓越。

（一）以人为本

无论是学生教育，还是学校管理，每一个教育者和管理者都要眼中有人，以人为本。教师不是园丁，也不是蜡炬，而应该是学生的引路人与支持者，让孩子自主成长为人和行美、勤学慎思的致远少年；管理者要提高服务意识，一切工作要服务于师生的发展，助力学校行稳致远。衡量学校各项工作得失成败的标准就在于师生的在校感受是否愉快、师生的发展是否达到理想的程度。

（二）多元共治

治理能力现代化是当前教育改革的热点。实验四小把人的发展放在学校治理的正中央，让学生、教师、家长、社区人士等多种利益相关者群体深度参与学校事务，建立健全民主管理制度，以协商交往、多元共治以及建立伙伴关系来实现更加民主、有效的管理，构建和谐的家庭、学校、社区合作关系，为学校行稳致远提供有力保障。

（三）欣赏探究

每个人都希望被他人认可与赏识。学校欣赏每一个师生在发展中的探索、成就与创新。我们将主动发现师生的成功经验，并在学校传播和推广他们的做法，让师生在欣赏他人的基础上探究，在学习他人经验的过程中不断成长。我们也关注师生的问题，但我们更愿意相信，欣赏他人、向他人虚心学习的过程就是问题分析与解决的过程。在实验四小，每个师生都是最棒的，都值得欣赏和关爱。

（四）追求卓越

追求卓越是致远教育的应有之义。每一个致远少年都要逐步树立自己的人生理想，对自己严格要求，每天进步一点点，做到小小我，日日新；每一位致远教师都要有理想信念，坚持读书与学习，积极参与各种专业发展活动，在反思中不断成长，精益求精，把工作做到最好。追求卓越的路虽阻且长，但实验四小人将以坚韧的心启程，行则将至。

在明晰办学理念的基础上，我们还就"一训三风"与家长、教师展开深入的讨论，最后通过全员参与投票做出决策。以校训为例，我们充分尊重家长和教师在问卷调研中表达的意见（结果参见图4-3），将得票最多和选择比例也最高的一条定为校训，即人和行美，勤学慎思。它不仅彰显了学校的培养目标，也表达了学校对教师发展的期待，是对师生发展的共同规训。

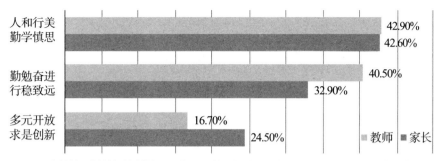

图 4-3　教师和家长选择的校训表述

哪些事务需要优先关注

要事优先是学校管理的基本原则。学校在未来发展中要面对和解决很多问题，但需要对这些事务根据重要性、迫切性及解决的可行性进行排序，明确需要优先关注的事务。基于前期调研，我们列出亟待关注的若干事务，请教师和家长按照重要性和迫切性程度对其进行排序，42 名教师（参与率为 93.3%）和 432 名家长（参与率为 94.1%）实际填写了问卷。结果参见图 4-4 和图 4-5。

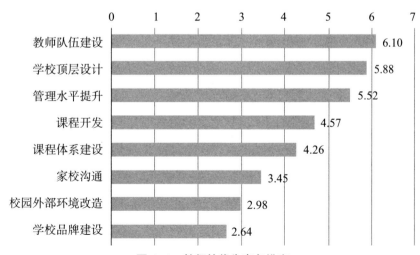

图 4-4　教师的优先事务排序

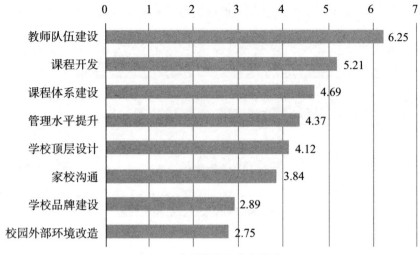

图 4-5 家长的优先事务排序

由两图可见,教师和家长的关注点略有不同,但也有很多共性。值得注意的是,教师和家长都将教师队伍建设排在首位。如何促进年轻教师的专业成长,如何打造一支业务精干、师德高尚的教师队伍,成为我校当前和未来很长一段时期的工作重点。

那么,实验四小教师应该树立怎样的形象,应该在哪些方面重点发力?在新冠疫情期间,我校对全体家长和教师进行了调查。针对家长的问卷为开放式问卷,让家长说说自己心目中的好教师应该是怎样的,应该具备哪些特点。388位家长发表了自己的看法。将这些意见进行语词编码分析,形成了教师特质词云图。在图中,词语的字号越大,说明被家长提及得越多。由图 4-6 可见,家长对学校里年轻教师专业能力的提升最为关注,期望他们能不断提升专业能力,提高教学水平。

图 4-6 家长提出的教师特质词云图

针对教师的问卷采用多项选择题，我们列举了一些重要的教师特质，让教师们从中选择自己认为当前我校需要特别关注的若干项。结果参见图 4-7。由图可见，选择最多的三项分别是"心中有爱""责任担当"和"敬业爱岗"，表明教师们非常重视师德表现和职业态度。相对而言，选择"业务精湛"的教师只有 26.2%，人数相对较少。这一结果与家长问卷结果形成了反差。家长们认为学校的教师年轻，经验不够丰富，需要在专业上不断提升，而教师们对自己的专业表现还比较满意，看来他们需要更重视专业能力的提升。

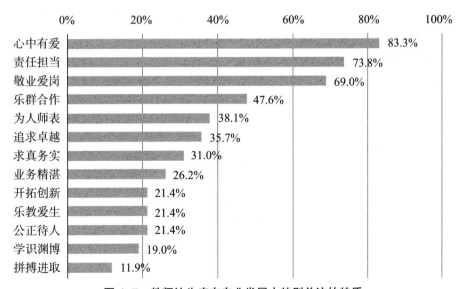

图 4-7 教师认为应在专业发展中特别关注的特质

基于上述信息，在咨询专家意见的基础上，我们将教师专业成长确立为学校应最优先关注的问题。

近日，教育部印发《关于做好2020年秋季学期教育教学和疫情防控工作的通知》（教体艺厅函〔2020〕22号），中小学将逐渐恢复正常教学秩序。在未来学校全面复课之后，我校将引入第三方诊断，深入教室观察教师教学与师生互动，分析教师专业能力表现中的优势与不足，识别教师成长需求，并有针对性地开展培训与研讨，以有效提升教师专业能力。此外，我校将整体修订和通过学校未来发展规划，并逐步推动各项需要优先关注的事务，将规划由文本转向实践。

（成稿时间：2020年7月）

点评

克里希那穆提（Jiddu Krishnamurti，1895–1986），印度哲学家，是近代第一位用通俗的语言，向西方全面深入阐述东方哲学智慧的印度哲学家，被公认为20世纪最伟大的灵性导师。近年来，他的大量著作在我国翻译出版，其思想的影响力也逐步扩大。

他在《当教育成为束缚：大胆从教育制约中走出来》一书中谈道，以他的名义在美国加州欧佳谷创办的橡树林学校，"它不是克氏学校，它是我们大家的学校。至少，我是这样认为的。对我而言，按照我的理念创办一所私人学校将会走向灭亡。这是我们大家的学校，你的、我的、家长的、学生的。我们要努力做些什么？我们要如何教育学生，进而使我们成为截然不同的人？这才是真正的问题。"[2]

他进一步阐释道："如果我是欧佳谷学校的一名老师，我的责任是什么？我要对谁负责——对克氏学说的理论、描述及其隐含的深意负责吗？如果我对那些教义负责，那我其实是完全不负责任的。因为那时我是在对我理解的教义概念负责。（我的理解是否得当，我理解正确的教义就都是合理的吗？）"[3]

不难发现,在克里希那穆提看来,学校不是校长的学校,而是学生、家长、教师及校长共同的学校。学校要向何处去,学校要建构什么样的愿景,以及学校要怎样到达那里,学校要坚持怎样的办学理念,这些都应该由大家决定。只有被大家广泛认同的愿景,才能真正引领和凝聚大家。只有大家信奉的理念,才能真正转化成具体的办学行为。在很多中小学,之所以学校发展规划演变成"写在纸上,挂在墙上"的"鬼话",往往与学生、家长、教师,乃至社区人士等多种利益相关者群体参与程度不够有关[4],违背了当前现代学校治理的理念。

在昌平区第四实验小学,李立荣作为一所新建校的年轻校长,用现代学校治理的理念引导学校未来发展规划,在规划的各种活动中都最大程度地调动多元主体的参与。由报告可知,实验四小里几乎所有的教师和在读学生的家长,都以不同形式多次参与了相关的调研或研讨活动,充分表达了他们对学校发展的意见与建议。而且,他们的参与不是名义上的参与,是实质性参与,他们的意见影响了有关学校发展的决策,学校的文化定位、愿景、理念和校训等都采纳了多种主体的意见,甚至主要是依据投票结果确定的。

有的校长曾经与我讨论,说教师和家长对学校发展的有些情况不够了解,有些人明显是站在自己的立场说话,所以如果让他们在规划中发言和讨论,不会有什么好的建议,通常是浪费时间。可问题是,学校管理应该是公开透明的,校长和干部可以向家长、教师介绍学校发展的具体信息,让他们更多了解学校,落实他们的知情权。如果家长或教师为了一己私利而发言,在一定程度上也是可以理解的,不同的人有不同的立场和利益诉求,只要加强多主体之间的协商互动,就可以找到能在最大程度上照顾多方利益的合理选择。关键是这种程序上的正义,能体现管理民主,落实现代学校治理理念,也就能更好地凝心聚力,促进学校发展。

实验四小的学校发展规划文本尚未最后定稿,学校需要继续在现代学校治理理念下深入开展研讨,进一步制订未来发展战略,形成具体的行动计划。更重要的是,学校发展规划不仅是学校发展规划方案本身,而且还是制订发展规划并确保这一方案产生效果的活动过程。[5]规划工作还有很多事情要做。但我们有理由相信，在现代学校治理理念的指导下，实验四小的致远教育思想会逐步落地，引领师生"人和行美，勤学慎思"，为其行稳致远奠定良好的基础。

参考文献

[1] 德鲁克. 管理的实践 [M]. 齐若兰，译. 北京：机械工业出版社，2009：41.

[2] [3] 克里希那穆提. 当教育成为束缚：大胆从教育制约中走出来 [M]. 张婕，译. 上海：上海社会科学院出版社，2017：4-5.

[4] 赵德成. 实践中的学校发展规划：问题与建议 [J]. 中小学管理，2010（11）：4-6.

[5] 赵德成. 区域推动下的学校发展规划 [J]. 教育研究，2013（3）：54-58.

第5章 减员增效：干部领导力提升的关键

随着城市化进程的加快、部分地区学龄人口减少，以及"撤点并校"与农村学校布局调整政策的推动，有些农村学校出现教师超编和干部职数过多的问题。正式与非正式的调研发现，北京市昌平区十三陵中心小学干部职数多，但工作效果不尽如人意，教师对干部工作的满意度偏低。借助"创新昌平·卓越校长领导力诊断与提升"项目平台，学校针对干部队伍建设开展案例行动研究。参考校长和专家的建议，学校采取了缩减干部人数、目标引领发展、明确干部分工、加强干部培训、改善评价制度等具体措施，减员增效，收到初步成效。

学校基本情况

十三陵中心小学始建于1958年，地处北京市昌平区西北部半山区。学校下辖1所中心校和1所完小，学校总占地面积27909平方米，建筑面积7349平方米，体育场面积14760平方米。学校现有18个教学班，371名学生，其中京籍349人，占94%；非京籍22人，占6%。学校现有教职工68人，其中一线教师59人。一线教师中，高级教师5人，一级教师31人，二级教师23人；原始学历为研究生1人，本科15人，其他43人；教师平均年龄41.5岁，其中30岁及以下的教师9人，31~35岁教师11人，36~40岁教师10人，41~45岁教师12人，46~50岁教师10人，51~55岁教师4人，56~60岁教师3人。

学校坐落于十三陵镇涧头村，这是一个有着悠久历史和满族文化的民族村。满族师生占全校师生总数的 10% 左右。作为一所坐落在民族村的学校，学校于 2005 年 12 月被认定为昌平区民族小学。此后，学校深入开展民族团结教育，于 2017 年被北京市教委、北京市民委认定为北京市民族团结示范校。多年来，学校一直把民族团结教育作为一项重要工作，开发出校本教材《满族风情》，开设了校园广播《民族团结一家亲》栏目，构建了凸显民族特色的综合实践活动课程，申报立项《农村小学进行满族文化教育的实践研究》课题，将满族文化融入到学校教育的各个方面，逐渐形成了满族文化教育特色。近年来，学校办学成效较为显著，被评为昌平区教学质量综合评价优秀学校、北京市冰雪运动特色学校、昌平区学校卫生工作先进单位、昌平区"讲长征故事，学长征精神"先进集体等，英语、数学、语文教研组先后被评为昌平区优秀教研组。

校长简介

刘忠武（1968-），男，本科学历，高级教师，现任北京市昌平区十三陵中心小学校长。原北京十一学校校长李金初曾说过，"本人平生无大志，只想办一所好学校"，这句话给刘校长留下非常深刻的印象。自 2012 年任校长以来，他一直把"办一所好学校"作为自己的奋斗目标。当他稍有懈怠的时候，这句话就会在他耳畔响起，这个目标就会来"敲打"他，于是，他振作起精神，继续前行。

案例分享

案例缘起

俗话说，"火车跑得快，全靠车头带"。作为一所半山区农村小学，要想不断改进和发展，仅靠校长一个人"单打独斗"是不行的。学校的"火车头"应该是整个领导班子，是一个团队。一所学校能否让全体教师职工，乃至学生家长及关心学校发展的社会人士凝聚起来,共同参与学校建设,在很大程度上有赖于学校的领导班子。可以说,干部队伍建设是中小学管理工作的核心。从2019年3月末临时调任到十三陵中心小学,我就开始琢磨这一问题。

甫一了解,我更是意识到干部队伍建设在十三陵中心小学的紧迫性。在与教委机关干部、学校部分教师的非正式接触中,多人委婉地告诉我学校缺乏团结向上的良好风气,特别是干部队伍领导力不够,在群众中缺乏威信,干群关系亟待改进。比如,某年学校两位干部参加职称晋升,按照规定参评人员必须执行"回避"制度,而这两个干部不但没有回避,还在"评审意见"栏中签上自己的名字。又如,有一位主管学校教育科研的干部,把教师提交的论文改成自己的名字,获奖后遭到老师的质疑。干部人很多,可愿意承担责任、冲锋在前的却很少,有些干部"私心较重",教师工作热情也不是很高。

接手十三陵中心小学时,包括我在内,学校共有中层及以上干部16人,其中校级干部5人,中层干部11人(在区教委备案正式聘任的干部6人,学校内聘干部5人)。干部的岗位职责和具体分工如下:校长兼书记1人;教学副校长1人;副书记1人;副校长兼工会主席1人;完小校长1人(副校级待遇);德育处干部2人;教导处干部4人;后勤主任2人;人事主任1人;完小干部2人,主管教学1人,主管德育1人。干部平均年龄45岁,31~35岁干部2人,36~40岁干部2人,41~45岁干部4人,46~50岁干部3人,51~55岁干部4人,56~60岁干部1人。在干部中,兼课干部7人,平均课时量每周5节。在学校中,干部的平均奖励性绩效工资水平处于中间偏上,其中,最高排第5位,最低排第40位。在干部职称方面,高级教师3人,一级教师12人,二级教师1人。在干部队伍中,市级骨干教师1人,区级骨干教师5人。在干部任职年限上,5年及以下6人,6~10年3人,11~15年3人,16~20年2人,21年及以上2人。

为深入了解有关情况,除与干部和教职工交流外,我们于4月开展了一次问卷调查,51人参与调查,占全校教职工总数的75%。

在满意度调查中，教师们对教师队伍的满意度最高，对干部队伍的满意度最低。在"我对学校教师队伍整体满意"题项中，有84.3%的教师选择"非常认可"或"比较认可"。而在"我对学校干部队伍整体状况满意"题项中，选择"非常认可"或"比较认可"的教师只有70.5%，29.5%的教师选择了"不敢肯定"或"不认可"。由此可见，教师们对干部队伍的整体评价相对较低。

在对学校干部队伍的具体调查中，认为干部敢担当、敢负责方面认可度最低，不少教师认为干部队伍的专业素质有待提升。在"我认为学校干部班子敢担当，敢作为"题项中，45.1%的教师选择"不敢确定"或"不认可"。在"我认为干部班子工作能力强，专业素质高"题项中，31.4%的教师选择"不敢确定"或"不认可"。在"我认为干部班子团结和睦，积极向上"题项中，13.7%的老师选择"不敢确定"或"不认可"。

除了选择题，问卷调查还设置了一些开放题，旨在获得更多的信息。在"学校面临的主要问题"一题中，一些老师提到：中层领导人数过多，干部队伍臃肿；干部队伍素质亟待提高；干部工作量少，而一线教师课多事多；教师的任务分配不均；学校缺少凝聚力和战斗力，教职工主动性不够。在"制约学校发展的因素"一题中，一些老师提到：干部教师素质有待提升；干群关系不融洽；工作量分配不平均，感觉不公平，影响大家积极性；多头管理，教师教学以外的杂事多，且工作安排变来变去，影响工作情绪。在"您对新校长想说点什么"一题中，一些教师提到：领导尤其是教导处干部课时过少，权威性不够；干部在任何情况下应该吃苦在前，享受在后；工作量多集中在部分教师身上。

不管是选择题还是开放题，不少教师对干部队伍给出了负面的评价，对干部队伍不满意，认为干部队伍的领导力有待提升。

干部队伍建设与领导力提升已然成为学校发展中的重要问题。到底我校干部队伍建设中迫切需要解决的问题是什么，干部队伍领导力提升的突破口在哪里，亟待深入分析与解决。

基于标杆经验的自我诊断

领导力是一个人在激励并带领他人去实现大家共同目标的活动中所表现出来的能力。学校中的每一个干部都要提高领导意识，在学校发展中充分发挥领导力。《中小学管理》杂志社编辑谢凡曾经对来自全国各地的15位中小学校长进行访谈，深度分析中小学选拔、管理、培养中层干部的实践，提炼出三点建议。一是在干部选拔中选对人，让愿干、能干、会干者走上中层干部岗位；二是在干部管理上通过改革学校内部管理体制和工作模式，合理用人，让中层干部有位、有为、有未来；三是在干部培养中把握发展方向，通过校内外结合、个体团队兼顾等方式培养人，使中层干部有担当、有谋略、有能力。[1]

学校干部是否愿干、能干、会干？又是否能做到有担当、有谋略、有能力？要想改进干部队伍，提高干部权威和领导力，学校需要参考他人优秀经验，知道标杆学校如何建设干部队伍，让自己"站在巨人肩膀上"；学校还需要比对标杆学校进行自我诊断和分析，以便明确问题及性质，区分轻重缓急，识别当前学校干部队伍建设中最迫切需要解决的问题是什么。

北京市十一学校是全国名校，在教育改革中为全国带来了很多新理念，该校在干部队伍建设上也独树一帜，带给我们深刻的启发。以下摘录了《北京市十一学校行动纲要》中关于管理者素养的表述。[2]

管理者素养

1. "公、勤、谦、坦"是对十一管理者的基本要求，较高的人生境界、积极的心态、乐于奉献的精神是十一管理者的基本素养，也是学校选拔任用干部的基本条件。

2. 向团结靠拢。不可能没有摩擦，不可能没有碰撞，摩擦、碰撞之后的第一个念头，就应该是向团结靠拢。

3. 崇尚一流，追求卓越，不怕失败，富有激情与梦想，向着最好和最高的目标而坚忍不拔；相信别人能实现的，我们可以实现得更好。

4. 团队意识，协作精神，服务意识。具有共同信念和价值观，为了全局利益，敢于牺牲局部、个人利益；为了团队成功，乐于奉献自己的力量。

5. 身先士卒，敢于下水。要说"同志们，跟我冲"，而不要说"弟兄们，给我上"。

6. 问题意识。相信办法总比困难多，懂得解决问题才能进步的道理，相信多一个问题，就多一次成长的机会，遇到问题总是以积极的心态寻求解决的办法，以积极的心态和处世方式影响和带动周围的人；善于发现问题，直面问题，并及时报告问题，尽可能快地将存在的问题公开化，让矛盾与问题暴露在相应的决策层面。

7. 理解并尊重他人。包容不同的个性，原谅尚有的缺憾，尊重他人的想法，得理让人。学会理解与迁就，有许多事情是可以理解的，但不能迁就；而有些事情是可以迁就的，虽然不为我们所理解。注意换位思考，为他人设身处地；"正因为我不愿意做奴隶，所以我同样也不愿意做奴隶主。"（林肯）正因为我们不愿意受别人的训斥，所以，也不要轻易训斥别人。

8. 倾听。专注地倾听既是沟通最有力的武器，也是解决问题的有效方法，许多时候，倾听完了问题也许就解决了。

9. 客户意识。每一个岗位都要明确自己的服务对象，强化服务意识，并注意从服务对象的角度思考问题，处理事情。要有马上行动，立即解决的作风。对需要解决的问题不拖不推、不等不靠。

10. 多元思维。寻找中间地带，"你对我也对，"避免两极思维；事情的成功不一定按一种思路完成，有时候按我们想的办，事情会成功；按别人的思路办，也照样成功。

11. 主动延伸工作领域，以点画圆，多做一点儿。以有利于全局利益为原则，立足本岗位的需要，主动延伸工作领域，自觉串联工作环节，积极探寻并达成新的岗位目标。

12. 省身。要不断地闭门思过，从反面意见中汲取营养。能够提得出来的反面意见往往具有我们意想不到的根据，对培养我们的多向思维方式大有裨益；离开了反面意见，很容易使我们的思维在单向的狭路上徘徊。

十一学校关于管理者素养的表述，体现了该校在干部队伍建设方面的价值追求与行为规范，为我们提供了一个很好的领导力分析思路。基于这个思路以及国内外相关理论，结合学校的实际，我们开发了一个八维度评价模型（参见表5-1），让部分教师对在岗干部队伍的整体领导力表现，分教育理念、工作能力、责任担当、奉献精神、身先士卒、合作沟通、服务意识、多元思维等维度进行量化评定。5分为最高分，表示领导力"非常好"；4分表示"比较好"；3分表示"一般"；2分表示"亟待改进"；1分表示"不合格"。

表5-1 领导力评估八维度模型

序号	维度名称	内涵解释
1	教育理念	拥有先进的教育理念，锐意改革。
2	工作能力	综合工作能力强，能高效推动工作。
3	责任担当	对自己本职工作负责，勇于为学校负责。
4	奉献精神	不计较个人得失，心中有他人，有大局意识。
5	身先士卒	做事情冲锋在前，吃苦肯干，率先垂范。
6	合作沟通	与其他干部做好协调沟通，减少工作安排上的交叉或冲突。
7	服务意识	明确自己的服务对象，强化服务意识。
8	多元思维	从多个角度分析问题，创造性解决问题。

对问卷数据进行统计分析（结果见图5-1），发现教师对干部队伍的整体评价偏低，八个维度的评分在3.08-3.50之间，处于"一般"水平，与前

期调研结果一致。具体而言，得分最高的维度是教育理念；得分最低的维度是奉献精神，责任担当、合作沟通、身先士卒、服务意识等方面的分数也比较低。这些数据使我们明确了当前干部队伍建设中的优势与不足，也找到了未来发展的增长点。强化干部的奉献精神、责任担当及服务意识，全面提高干部领导力，将成为未来我校干部队伍建设的重要方向。

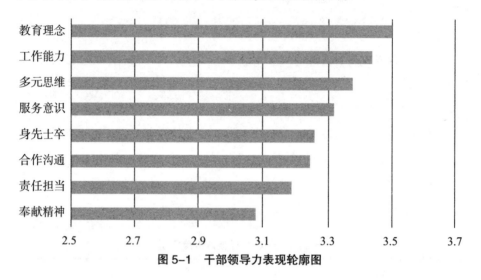

图5-1 干部领导力表现轮廓图

专家会诊意见与建议

时间过得很快，2019年7月，我来十三陵中心小学三个多月了。在这三个月里，通过各种正式与非正式沟通，我对学校干部队伍建设已经有了较为深入的认识。为更精准地聚焦问题，找到更有效的解决办法，我们邀请昌平区四中褚春梅书记、昌平区老峪沟中心小学李春林校长，以及"创新昌平•卓越校长领导力诊断与提升"项目组的宋洪鹏博士、昌平区教师进修学校干训部郝志惠主任，于7月5日进入学校，就我校干部队伍建设进行"专家会诊"，给我们的干部队伍建设出谋划策。

经过深入讨论，与会专家提出了一些原则性意见，主要如下：

● 充分发挥校长自身的人格魅力，通过活动凝聚大家共识，凝聚团队力量，增强团队向心力。

- "老人老办法",敬重老同志,个别人可以边缘化处理。
- 树立榜样,表彰先进,多元评价,正向导向。以干部经验介绍、交流成长历程等方式促进干部能力提升。
- 改革干部聘用方式。校聘干部可以采取"自主申报",合同聘用,轮岗交流的方式,用"承诺""申请"的方式约束和管理干部。
- 进一步了解教师对于干部不满意的具体问题,找准问题根源,逐一击破。

2019年秋季学期,我们正式将干部队伍建设列为学年工作重点。10月,我们再次邀请"创新昌平·卓越校长领导力诊断与提升"项目组专家与全体名校长,走进十三陵中心小学,针对十三陵中心小学干部队伍领导力建设方案进行了深入的研讨。

在这次研讨会上,名校长们在专家的引领下,针对我校干部队伍建设和领导力提升的问题,提供了更为具体的建议。主要建议有:

第一,减少干部职数。在研讨中,很多校长提到我校规模不大,但干部职数过多,这导致每位干部的工作量减少,也容易人浮于事,让教师们不满意。有一位校长将十三陵中心小学的干部职数与自己所在学校小学部做了比较,十三陵中心小学学生总数为371人,教职工68人,中层以上干部16人,中层干部占教职工总数的23.53%。而她所在学校小学部的学生总计525人,教职工58人,中层以上干部7人,干部占全体教职工的比例仅为12.07%。干部职数多少在很大程度上是有其历史原因的,但需要采用合适的手段尽量予以调控。

第二,加强干部培训。教师之所以对干部队伍不满,除了干部人多事少,还有一个重要的原因是干部表现不尽如人意,因而在群众中缺乏威信。学校要加强干部培训,提高干部的工作能力,改进干部的工作绩效。干部必须要精明强干,要真抓实干,要想干、会干、能干、实干和巧干,能把事情干成。

第三,提高干部的服务意识。公共事务管理是一种服务,在中小学,干部的主要职责也是服务。专家强调,干部不能有官气,要有服务意识;要明确自己的服务对象和群体,要为服务对象着想,要考虑服务对象的感受,要站在服务对象的角度安排与协调各项工作。为切实提高干部的服务意识，学校可以定期或不定期开展相关评价，让干部们了解自己的"客户满意度"，并基于满意度数据转变工作作风。

第四，强化干部的责任担当和敬业奉献精神。责任担当、乐于奉献是干部的基本素养。"干部要重表率，发挥先锋模范作用，大事小事都能走在普通老师前面，想在前，干在前""干部要敢担当，工作勇于负责、敢于担当，工作有布置、有检查、有总结，能够有条不紊、积极推进"，只有这样，干部才能赢得群众的信任，在群众中树立威信。学校可以树立优秀干部典型，通过宣讲学校管理故事，引导干部发展，树立干部权威，也在一定程度上改善干群关系。

减员增效，我们在行动

基于自我诊断的发现以及专家会诊的建议，结合学校实际情况，从2019年秋季学期开始，我校陆续启动了一些减员增效举措。

（一）调整干部职数，缩减干部人数

我校通过多种方式减少干部职数。一是自然减员，有一位干部退休，一位干部因身体原因辞去干部职务。二是建立能上能下的聘用机制，解聘一位工作不得力的干部。通过这两个方式，我们把学校干部压减为13人，学校干部队伍有所"瘦身"。此外，我们借外出跟岗培训机会，将2名中层干部外派出去，一名到北大附小参与跟岗培训，另一名到兄弟学校借调使用，这样校内实际在岗的干部只有11人，比原来减少了接近三分之一。

（二）凝聚学校共识，目标引领发展

学期初，我们以"中国梦·学校梦"为主题，开展学校未来发展规划大讨论，明确提出用3~5年时间把学校建成农村地区优质小学的办学目标，并提出若干项优先发展目标及关键举措。通过这样一个发展目标，我们把全体干部的注意力凝聚起来，引领干部和教师关注学校大事，凝心聚力，鼓舞了

大家的士气。

（三）明确干部分工，细化工作任务

我们对学校各个干部岗位进行深度工作分析，完善每一个岗位的工作描述，不仅细致说明了每一个岗位的工作职责、任务要求及考核标准，而且明确了各岗位的对口上级教育行政主管部门的相关科室、本校领导及服务对象，让每位干部做到了职责清晰，任务明确。同时，我们还把干部分工及工作描述发送给全体教师，让所有教师知道干部所负责的工作，让干部工作更加透明，接受大家的监督。不少教师看到干部们的工作职责，也开始意识到干部工作并不是他们想象的那样轻松和无所事事，从而增进了干群之间的相互理解。

（四）加强干部培训，提高履职能力

外出跟岗培训可以提升干部视野与水平，我校准备每个学期选派 1~2 名干部外出脱产培训，争取利用 3~4 年时间实现全员轮训。此外，我们利用干部例会时间开展业务培训与交流。在干部例会中，我们及时向干部们报告相关调研的发现，引导大家关注群众提出的各种问题，大家都能够接受意见和建议，也表示会进行自我反思，改进工作；我们指导干部利用电子日历表、桌面工作清单、微信群、信息中心等各种手段，不断提高工作效率；我们还让优秀干部在例会中分享自己的成长故事与经验，树立正面典型，弘扬正气。

（五）改善评价制度，注重榜样引领

学校着力建设新的干部评价机制。在干部学期考评中，我们不仅注重每个干部的岗位工作完成度与效果评价，而且加强服务对象的满意度评价。"校级先进工作者""优秀党员""优秀干部"等荣誉评选，都必须参照干部评价中收集来的意见，确保群众满意的优秀干部能脱颖而出，从而发挥榜样人物的示范作用，树立学校正能量，营造和谐向上的积极氛围。

阶段性反思与未来方向

回顾过去一段时期的努力,展望未来的工作,我们目前有以下几点认识。

第一,感觉很好。经过了几个月的时间,我们感觉学校氛围变化了,群众对干部的认可度明显增加。虽然没有相关的数据支撑,但我从老师们的言谈话语中,从干部们的工作表现中,都能够看得出干部工作的改变,能够看得出群众对干部的认可。我想把这个案例研究持续下去,准备一年、两年后,采用同样的问卷再次进行调查,然后对比几年的数据结果,看看教师们对学校、对干部的评价会发生怎样的改变。

第二,井然有序。我感觉这个学期日子过得很快,忙碌而充实,也觉得很顺利,有点"小确幸"。因为这个学期学校的干部和教师凝心聚力,没有"鸡吵鹅斗",没有上访告状,没有"赶场救火",没有"焦头烂额",所以作为校长,我也很知足。这种结果是我之前不曾想过的。

第三,希望更好。经过调研、论证、指导和改进,一个学期的实践证明,学校干部队伍建设有了改变。从每一位教师的言谈话语中,从每一天教师的工作行动中,从每一张教师的笑脸上,我们可以断定,学校在改变,我们在进步。相信学校会越来越好,我们的办学目标也一定能实现。

(成稿时间:2020年2月)

点评

干部队伍是组织中最基本、最稀有的资源[3],是中小学管理的中坚力量。干部队伍的素质和领导力水平,在很大程度上影响学校管理的成效,并进而影响学校的办学质量。因此,加强干部队伍建设,是中小学人力资源开发与管理领域的重要工作。

北京市昌平区十三陵中心小学在干部队伍建设中遇到的问题是干部职数多,但工作效果却不尽如人意。应该说,干部多不是十三陵中心小学所独有的问题，这个问题在很多学校都不同程度地存在。[4]当然，像十三陵中心小学这样，在校生总数为371人，教职工68人，中层以上干部16人，生师比仅为5.46，而中层干部占教职工总数的比例却高达23.53%，干部职数确实明显偏多。

干部职数偏多给学校管理带来严峻的挑战。一方面，在有些学校，每一个干部都需要做事，都要组织活动和推动工作，结果导致学校会议和检查越来越多，可有可无的活动越来越多，与教学关系不大的杂事也越来越多，教师们不能安心读书和静心育人，投入到教学中的时间越来越少，工作效率也明显降低；另一方面，一些学校的干部们人浮于事，乐于清闲，本该其担负的管理职责却不去积极落实，"在其位"却"不谋其政"，导致学校有些工作推动不力，组织绩效下降。

刘忠武校长刚到十三陵中心小学做校长的时候，干部职数偏多带来的两种挑战都不同程度地存在。在调研中，干部班子不够团结、各部门工作之间缺乏整合与协调、干部缺乏责任心和担当精神等问题都有不同程度的反映。从这一意义上说，刘校长将提升干部队伍领导力作为履新之后优先关注的事务，抓住了学校管理的关键，找准了学校改进的突破口。更重要的是，在刘校长的领导下，十三陵中心小学所采用的策略是积极谨慎的，我将其概括为"三部曲"。第一部是广泛调研，让干部们听到教师们的声音，意识到自身存在的问题，激发改进的意愿；第二部是寻找和分享标杆经验，让大家知道干部队伍建设做得好的学校是怎么做的，在心中给好干部画个像；第三部是借力专家引领，邀请专业人士和资深校长参与研讨，提出改进建议，形成改进方案。

十三陵中心小学采取的改进策略系统深入，其核心举措可以概括为"减员增效"。首先是"减员"，由原来16名干部减少到实际在岗人数11人，减少了近三分之一。接下来，他们从愿景和目标引领、明确干部工作职责与任务、加强干部培训，以及改善评价与反馈等方面系统改进干部管理。每一名干部必须明确学校作为一个整体的发展愿景以及自身岗位在其中应承担的责任,如果既定的任务没有很好地完成,没有为师生提供优质的服务,干部需要反思和改进,学校也将通过培训、辅导等方式为其提供支持。这实际上体现了目标管理或绩效管理的思想,反映出刘校长在干部管理中的系统思考。实践证明,这种努力是卓有成效的,刘校长在阶段性反思中"感觉很好",也相信未来会更好。

当然,值得注意的是,十三陵中心小学的干部减员主要是通过自然减员和派出培训实现的,只有一人因工作不得力而解聘。可是,派出去培训的人最终要回到学校继续从事管理工作,学校每年都将富余的干部派出去培训似乎不太现实,而仍然在聘的干部如果工作绩效尚可,学校又难以解聘,所以学校仍将在一段时间内有为数较多的干部。怎么办?学校是否可以根据师生人数和事业发展需要设置干部岗位数,然后在全校范围内竞聘上岗,彻底解决干部职数偏多的问题?

从制度上讲,这样做没有问题。2006 年,原国家人事部印发《事业单位岗位设置管理试行办法》(国人部发 [2006]70 号)指出,为配合事业单位工作人员收入分配制度改革,各事业单位要进一步深化人事制度改革,转换用人机制,推行聘用制度和岗位管理制度,实现由身份管理向岗位管理的转变,以调动事业单位各类人员的积极性和创造性。原则性要求是,各事业单位按照科学合理、精简效能的原则进行岗位设置,坚持"按需设岗、竞聘上岗、按岗聘用、合同管理"。但这份文件在实施中遇到一些问题,有学者曾将主要问题归纳为以下几种:考核奖惩政策不完善,特别是对什么情况下可以降级聘任、解聘或辞退,没有明确的规定;岗位设置结构比例不合理;竞聘上岗流于形式;二次聘用实施政策不清晰等。[5-6]

回到中小学管理领域,为进一步规范中小学干部任用,中共中央组织部和教育部于 2017 年联合印发《中小学校领导人员管理暂行办法》(中组发 [2017]3 号),强调建立健全中小学校干部退出机制,促进干部能上能下、能进能出,增强队伍生机活力,并列举了干部退出的几种情况,包括达到退休年龄、因健康原因无法履职、考核不合格或连续两年基本合格、违法违纪、干部主动请辞等几种具体情况。但是，在很多的中小学，干部按岗聘用、能上能下的用人机制尚未真正形成。有些学校在撤并整合或校长更换过程中，干部岗位只增不减，不同程度地存在职数偏多的问题。

究其原因，与中小学缺乏办学自主权有很大关系。有校长表示，学校内的中层干部名义上由学校自主聘任，但一般需要向区县教育局报批，如果在干部调整过程中出现争议，通常会陷入很被动的局面，所以校长在干部退出方面表现得谨小慎微。有学者基于国际学生评价项目（Programme for International Student Assessment，PISA）2015 年北京、上海、江苏、广东等中国四个省市的数据，对学校办学自主权状况进行分析，发现中国四省市学校在教师（含干部）选聘和解聘方面的自主权，显著低于 PISA 2015 高分国家/经济体；具体到校长，校长在教师选聘和解聘方面的权力值分别为 21.36% 和 13.19%，也显著低于 PISA 2015 高分国家/经济体的 62.96% 和 47.29%，与我国长期推行的校长负责制有些不相称。[7]

一方面政策宣称中小学在教师和干部聘用上拥有自主权，另一方面校长却反映学校在这些事务中缺乏自主权。到底哪里出了问题，如何建立一种有效的制衡机制，既切实赋予学校充分的办学自主权，又让学校合理地使用办学自主权，已成为各级教育行政部门的管理者、政策制定者、校长及研究者需要共同研究解决的重要问题。

2020 年 9 月，教育部等八部门联合发布《关于进一步激发中小学办学活力的若干意见》，再次强调深化教育"放管服"改革，落实中小学办学主体地位。在人事自主权方面，文件进一步明确指出，各地要加大中小学行政领导人员聘任制的推行力度。在副校长聘任中，"进一步扩大学校在副校长聘任中的参与权和选择权，鼓励地方积极探索由学校按规定的条件和程序提名、考察、聘任副校长，并报上级主管部门备案"。在中层干部方面，"学校根据办学实际需要，按照精简效能的原则，自主设置内设机构，自主择优选聘中层管理人员"。我们期待这一文件的精神能在实践中得到真正落实，为学校自主聘任干部，做好干部队伍建设提供充分有力的制度保障。

参考文献

[1] 谢凡.校长谈中层：为学校发展锻造"脊梁"[J].中小学管理，2013，(10)：10–13.

[2] 十一学校.北京市十一学校行动纲要（下）[J].中小学管理，2011，(4)：36–37.

[3] 德鲁克.管理的实践[M].齐若兰，译.北京：机械工业出版社，2006：125.

[4] 吴维煊.学校干部越来越多，必须叫停[N].中国教师报，2019-09-04.

[5] 赵燕.事业单位岗位设置管理工作若干问题的思考[J].人力资源开发，2013，(10)：23–24.

[6] 梁美.事业单位岗位设置管理存在的问题及解决对策[J].齐齐哈尔师范高等专科学校学报，2014，(2)：108–109.

[7] 赵德成，王璐环.学校治理结构及其对学生发展的影响：中国四省（市）与PISA 2015高分国家/经济体的比较分析[J].全球教育展望，2019，48（6）：24–37.

第 6 章　谁来当教研组长

教研组是中小学实施教学业务管理与推动学科教研的基层教学组织。教研组长作为教研组的负责人，在学校教学处/教务处的领导下进行教学检查和开展教师研训活动，建立学习型教师团队，培养优良教风，促进教师专业成长，在学校发展中发挥着不可或缺的作用。所以，教研组长的选聘是学校管理实践中的重要问题。在 2019 年春季学期，北京市昌平区史各庄中心小学教研组长队伍面临一次"大换血"。学校需要怎样的教研组长？在教师担任教研组长意愿偏低的情况下如何选聘教研组长？如何促进教研组长的成长，并"让成长影响成长"，带动教研组内教师的整体发展？史各庄中心小学就此开展了深入的行动研究。

学校基本情况

史各庄中心小学始建于 1960 年，地处北京市昌平区史各庄街道朱辛庄、东店、西店、史各庄、定福皇庄等北五村中心地带，下辖 1 所中心校和 1 所完小，是一所农村小学。学校总占地面积 21132 平方米，建筑面积 4443 平方米，体育场面积 13007 平方米。学校现有教学班 19 个，在校生 437 人。其中中心校教学班 13 个，学生 332 人；完小教学班 6 个，学生 105 人。现有教职工 57 人，一线教师 56 人，其中中心校一线教师 41 人，完小一线教师 15 人。在一线教师中，高级教师 6 人，一级教师 24 人，二级教师 20 人，未定级 6 人；原始学历为研究生 2 人，本科 16 人，其他 38 人；区级学科带头人及骨干教师 11 人，校级学科带头人及骨干教师 7 人；教师平均年龄约 37 岁，其中 30 岁及以下 13 人，31~35 岁 8 人，36~40 岁 12 人，41~45 岁 11 人，46~50 岁 10 人，51 岁以上 2 人。

学校以"成长教育"为文化定位，以"让生命唤醒生命，让成长影响成长"为办学理念，以"文润心灵，艺启梦想"为办学特色，以"明润课程""活力课堂"立德树人，促进学生健康成长。在区委教育工委和区教委的领导下，在"回天计划"的助推下，学校在 2018 年、2019 年连续两年被评为昌平区教育教学综合质量评价优秀学校，还获得"北京市中华优秀传统文化实验学校""北京市星星火炬少先队大队""北京市中小学文明校园""昌平区书画重点学校"等荣誉。

校长简介

胡长红（1971-），女，本科学历，高级教师，现任北京市昌平区史各庄中心小学校长。她的人生理想是"做好孩子成长的引路人"。自 2016 年任校长以来，她在学校构建了"生命成长教育"文化体系，践行"让生命唤醒生命，让成长影响成长"的办学理念，引领教师和孩子们一起快乐成长。

案例分享

从教研组长"大换血"谈起

教研组长是中小学进行学科教学研究和教学改革的组织者与带头人。一个好的教研组长既能带出一个优秀的教研组，又能有效促进组内教师的专业成长。自担任史各庄中心小学校长以来，我一直重视教研组长队伍建设，选择专业能力强、经验丰富的教师担任教研组长。这些教研组长们也不负所望认真工作，带领教研组有条不紊地推进各项工作，其中多个教研组被评为区级优秀教研组。

然而，在 2019 年春季学期，史各庄中心小学教研组长队伍建设面临一些突发情况，需要"大换血"。

首先是低段语文教研组长王老师因家庭原因请辞组长。王老师50岁左右，常年从事语文教学，是区级骨干教师。她不仅经验丰富，而且工作认真，教研组工作扎实有效。组里几个年轻人也都很有活力，很上进。但王老师的孩子下学期将进入高三年级，全家已开始进入"战备"状态，在孩子学校附近租了房子，所以她每天要花1个多小时在上下班路上，感觉精力有些不济，于是向学校提出辞呈。我们特别理解王老师的辛苦，所以班子会同意了她的申请。

谁料想，没过多长时间，体音美教研组长刘老师也因身体原因向学校提出辞职申请。体音美教研组由5名体育教师、美术和音乐教师各2人组成。刘老师是一名年长的体育教师，家中老人年迈多病，要定期到医院做治疗，此外还有两个孩子，一个上中学，一个刚刚上幼儿园。家里家外，大大小小的事情都需要他跑前跑后，工作生活都很辛苦，整个人长期处于亚健康状态。对于教研组工作，他感觉自己投入的时间和精力不是很够，教研组的状态也不怎么理想，存在很大的可改进空间。学校体谅刘老师，也关心刘老师，便同意了他的辞职申请。

除了两位教研组长主动请辞，还有两个教研组在这学期结束后也会有变动。一个是数学教研组，专业能力非常强的数学教研组长将从我们这所农村学校调到昌平城区；另一个是综合组，原来的综合组由一名信息技术学科的教师担任教研组长，但随着道德与法治课程受到越来越多的重视，道法教师数量明显增加，综合组的成员变为道法教师6人，信息教师2人，由人数占多数的道法教师担任教研组长可能更有利于工作推动。

我校一线教师有56人，设有8个教研组，分别是低中高三个段的语文组、数学组、英语组、科技组、体音美组和综合组。现在，半数教研组要更换教研组长，可谓教研组长队伍的一次"大换血"。流水不腐，户枢不蠹。我们期望通过这次"大换血"，为教研队伍注入一些新鲜血液，激发与释放教师队伍的活力。

可令人意想不到的是，当学校班子在初定人选后跟候选人谈话时，发现不少教师担任教研组长的意愿比较低。为什么会这样？我们该怎么办？

我们需要怎样的教研组长

教师担任教研组长的意愿低，这出乎我们的意料。针对这一问题，学校组织了专门的调研。

调研发现，不同教师的顾虑是不同的，归结起来，教师不愿意担任教研组长的原因主要有以下几种：（1）教研组长担子重，事务多，但是没有行政权力，绩效工资体现也不够，缺乏吸引力；（2）我校教师平均年龄37岁，年长教师比较多，能评上区骨干的教师更是年龄比较大，进一步发展的意愿不强，加之家里上有老下有小，压力也比较大；（3）有些年轻教师富有朝气，有冲劲，也喜欢钻研业务，但对领导一个教研组，特别是领导年长教师，缺乏信心。

学校有必要进一步动员优秀教师来做教研组长。那么，可以动员哪些人呢？我校目前需要怎样的教研组长？

1998年，英国师资培训署（Teacher Training Agency）出台了《学科领导者国家标准》（National Standards for Subject Leaders），对学科领导人的职责、权利、角色、能力等方面做出了明确的规定。该标准提到了学科领导人应该具备五方面的能力和品质：（1）领导能力和专业技能：学科领导者要有领导他人朝着共同目标奋斗的能力；学科领导者要具有专业能力和专业知识，以影响和带动他人的发展。（2）决策能力：学科领导者要具备解决问题和做出决定的能力。（3）沟通能力：学科领导者要有清楚地表达要点和理解他人观点的能力。（4）自我管理的能力：学科领导者要具备有效安排时间和自我调节的能力。（5）个人品质：积极的适应能力和正直的人品，包括对时刻变化的环境和新观点的适应性、精力和毅力、自信、热情、智力、可靠性，以及正直和勇于承担义务。[1]

我国学者张秀荣指出，教研组长是学科教学的领导者和教研的引领者，也是教研组文化的培育者和教师专业发展的共赢者，他应具备四种重要素质。（1）教学领导的能力：评课能力，试卷的设计、分析与把关的能力，整体把握本学科教学的能力；（2）教研引领的能力：确定教研主题的能力、制订可操作的教研或科研计划的能力、灵活运用教研方法的能力、教研示范与指导的能力；（3）团队建设的能力：人际沟通的能力、创新能力、学习能力；（4）个人品质：对本组工作的责任心、奉献精神、合作精神、客观公正的个人品质。[2]

无论是英国标准，还是我国学者的观点，都注重教研组长的领导力，如教研引领能力和合作沟通能力，也强调教研组长的个人品质，如责任心和热情。这些为我们开展教研组长的选拔、培养、培训等工作提供了可借鉴的思路。

为选拔出真正能引领教研组发展的新组长，我们还对各教研组的状态进行以校为本的摸底分析。教师们的意见与我们的观察基本一致，当前教研组存在的最迫切需要解决的问题是教研氛围不浓，教研活动低效。有教师反映，个别教研组在教研活动时，通常只是把教导处布置的工作进行分解落实，对于如何做得更好、效果更佳没有深入研讨。教研时，教师不积极参与、不认真思考，组内有时像一盘散沙，教研活动没有实效性。有的组长只顾自己的学科发展，对于全组的发展却不肯多下功夫，给予年轻教师的指导不多，反倒有些埋怨和看不起年轻教师。教师们无法团结在他/她的周围共同进步。

基于已有的教研组长素质结构模型以及我校的摸底分析，我们深刻地意识到，教研组长不需要一定是教学能力最强的老教师，在选拔教研组长时应更多考虑他/她的责任心。只要他/她积极肯干，能把组内教师的凝聚力和干劲带起来，能建立一个平等交流、专业对话的学习共同体，就是一个优秀的教研组长。

让成长影响成长

新教研组长的人选最终确定。新补充的4位教研组长有两位是经验丰富的年长教师，另两位是干劲足、有潜力的年轻教师，其中低段语文教研组长冯老师的教龄只有2年，数学教研组长陶老师的教龄稍长，但也只有5年。

一个由年长教师为主，但又不乏年轻人的教研组长8人团队正式形成。

如何让新任教研组长尽快适应各项工作？长期以来，我校坚持推动"成长教育"，在教研组长队伍建设上我们也要贯彻"让生命唤醒生命，让成长影响成长"的办学理念，以老带新，点面结合，促进新、老教研组长共同成长，并用教研组长的成长带动整个教研组教师的进一步成长。

为促进教研组长队伍建设，我校在2019年秋季学期着力推动了以下四项工作：

一是学校领导"下沉"到教研组。学校安排业务领导"下沉"到各个教研组，有意识地加强对教研组长，特别是新任教研组长的指导，避免"走弯路"。学校教导处也会在关键时间节点组织全体教研组长会议，让大家集思广益，共同商议工作推动策略。

二是帮助教研组长提高能力和树立威信。学校参与了旨在提升回龙观和天通苑地区学校教育质量的"回天计划"，借助这个项目，我们为多个学科教研组，特别是新任教研组长所在的教研组，引进特级教师，提供专业引领。教研组长在特级教师的指导下开展集体备课、听评课和上改进课等各种教研活动，提高教研活动的吸引力和实效性。

三是为教研组长搭建展示平台。学校将每年一度的阅读季展示活动设计成全体教师共同参与的全校性活动，每个教研组在其中负责不同的工作。在这样一个学生、教师、家长和社区共同参与的文化盛会中，每个教研组的工作状态都展现出来，接受大家的检阅。每个教研组长都认真对待这项全校性展示活动，队伍得到了很好的锻炼。

四是加大激励力度。以往学校对教研组的激励只有优秀教研组评选，为优秀教研组发放一定数额的活动经费。为加大激励力度，学校设立了组风组纪奖，奖励那些团结奋进、扎实体现"让成长影响成长"理念的教研组，为教研组内每位教师提高绩效奖励额度。这个组风组纪奖带有一定的竞争性，但没有名额限制。

从整体上看，在2019年秋季学期，新的8人教研组长团队在工作中展现出良好的精神风貌，工作的主动性和创造性都明显改观。比如，以前有的教研组长只是上传下达，上面催什么，就安排教师做什么，而现在多数人能主动整合各部门工作计划和要求，每周开列工作清单，按照事情的轻重缓急，有序推动工作；又如，以前有的教研组开会比较沉闷，大家不怎么主动发言，如今在组长的带领下，大家采用多种呈现方式发表观点，相互切磋，用成长影响成长的氛围已然形成。

当然，这些教研组长的工作并不是十全十美的，他们在工作中也还存在一些亟待关注的问题，主要有：

- 教研活动主题缺乏整体规划，不能对某些重要问题开展持续性研究。
- 发言不聚焦。在研讨发言阶段，有些组的教师有时候想到哪说到哪，不能聚焦到要集中研讨的问题上，不利于分析问题与解决问题。
- 缺乏高水平专业引领。同一个教研组的教师在知识结构和教学经验上存在趋同现象，所以研讨久了感觉像"萝卜煮萝卜"，大家的进步受限。
- 教研成果推进落实不到位。在教研活动中有时候大家达成了某些共识，但没有在后续实践中持续推动，有的教师还是按照自己的想法工作，教研在实践层面看不到成效，进而也影响了教师参加教研的积极性。
- 由多个学科组成的教研组活动实施难度大。个别教研组由多学科组成，而且每个学科成员人数较少，教研活动组织起来比较困难，研讨不起来，教师反映教研活动收获不大。

进一步分析，不难发现，这些问题与教研组长的专业水平与领导力有很大关系。如何提高教研组长素质，成为史各庄中心小学面临的新课题。

未来我们该怎么办

2019年底，我邀请"创新昌平·卓越校长领导力诊断与提升"项目组的专家与名校长，共计25人，到我校现场指导工作，为我校教研组长队伍建设把脉支招。

专家和名校长们在听取我校工作汇报后展开深入的研讨，为我校提升教研组长素质和增进教研活动实效提供了颇多有针对性的建议，让我们受益多多。主要建议如下。

第一，引进第三方诊断，精准识别学校教研需求。问题是教研的起点。只有精准地识别教学实践中的问题，明确教研需求，才能更好地规划教研活动，提高教研活动的针对性。北京师范大学赵德成教授对学校诊断做过深入的研究，主持过的教师能力提升项目曾经获得北京市基础教育成果奖，他建议学校考虑引进第三方诊断，以走出"当局者迷"的困局，深入分析各学科在教学实践中存在的突出问题，然后基于问题和需求推动学校的教研工作改进。

第二，持续推动特级教师入校帮扶工作，加大专业引领力度。特级教师与教研组长结对子，在我校已初见成效。校长们建议未来在持续推动特级教师入校帮扶的同时，进一步加大专业引领力度。一些可行的举措包括"请进来"——邀请学科名师进校上示范课或同课异构，"走出去"——派少数教研组长到海淀区中关村三小、海淀区翠微小学、西城区中古友谊小学等名校短期挂职学习等。

第三，加强教师培训，提高教师理论素养。教研活动不能靠教研组长一个人"单打独斗"，需要整体提升参与教师的专业水平。目前，教师之所以在教研活动中难以提出新的观点，教师之间难以碰撞出智慧火花，与教师理论素养偏低有很大关系。如果教师理论素养偏低，那么他/她在反观实践的时候就不会敏感地发现问题。因此，学校要利用各种渠道和手段加强教师培训，提高教师的理论素养、批判性反思能力及研究能力。

第四，加强跨学科教研。综合学科组，比如体音美组和综合组，由于人员构成多样化，教师之间难以交流的问题其实不是个别问题，在数学组或英语组这样的单一学科教研组也不同程度地存在。因为在史各庄中心小学这样的农村小学，即便同学科，教同一年级同头上课的教师也只有1~3人。在这样的情况下，学校可借鉴日本课例研究的经验，跳出学科，选取各学科教师共同关注的教学问题，针对学生的核心素养培育设定研讨问题，开展跨学科教研。教研活动规模扩大了，不同学科背景的教师一碰撞，可以产生很多新的想法和有效的问题解决策略。

第五，强化成果推广，提高教学改进的执行力。在教研活动中大家热烈讨论，有时候为达成共识而兴奋不已，但在教研活动之后却依然"我行我素"、"各行其是"的情况，在很多学校都不同程度地存在。昌平区崔村小学赵彩霞校长分享了她的经验，在她的学校，教研组长在每次教研活动结束后要进行小结，并提出下一步行动建议，在下次活动中要特别关注以往教研活动各项建议的执行情况，如果有教师没有执行，需要分析原因和提出整改计划。

整体来看，专家和名校长所提出的建议都很有针对性，而且可操作，我们已基于这些建议提出了系统的整改方案。但2020年初，一场突如其来的新冠病毒疫情严重地侵扰了人们的生活，也打乱了新学期的教学秩序。目前，我校正在积极贯彻"停课不停学"精神，通过线上线下相结合等多种方式推动学生居家自主学习。

"名校之名，在名师，更在名教研组"[3]，我非常赞同《中小学管理》主编孙金鑫在2019年第10期卷首语中发表的观点。教研组长是保障学校教育教学质量的中坚。期待疫情早日结束，孩子们可以早日回到校园，我校关于教研组长队伍建设的案例研究也可以继续推动。我相信，通过对教研组长的精心培养，提升教研组长的领导力，我校教研活动的实效性将会越来越好。

（成稿时间：2020年3月）

点评

教研制度是名副其实的中国特色。[4]（赵小雅，2014）在我国，中小学通常设有若干个学科教研组，每个教研组经常开展听评课、集体备课、课例研究等专业发展活动，促进教师个人的反思与成长，也促进教师间的交流与学习型组织建设。程介明曾在《超越上海：美国应该如何建设世界顶尖的教育系统》一书中指出，以学校为基本单位的教研制度是上海在PISA测试中取得成功的重要因素。[5]

要更好地发挥教研制度优势，必须做好教研组长队伍建设，充分发挥教研组长的领导力。一般来说，学校会推选教学能力突出、教学成绩优秀的年长教师担任教研组长,在教研组中发挥传帮带的作用。作为一所农村学校,史各庄中心小学在教研组长队伍建设中面临的挑战是,年长的骨干教师缺乏进一步发展的意识,不愿意担任教研组长,而年轻的教师有干劲,但业务上还不够成熟,这种困境可以用"青黄不接"来形容。怎么办?在这样的情形下,胡校长以研究者的姿态回顾与分析有关文献,并对本校教师进行调研,最后通过行动研究不断探索促进教研组长成长和用成长影响成长的途径,表现出良好的研究意识与能力。

首先,胡校长注重文献综述,"站在他人肩膀上"提出改革思路和问题解决办法。作为一名大学教师,我经常指导各类硕博研究生以及中小学校长、中层干部和教师开展研究,也经常强调文献综述的重要性。文献综述是开展研究的基础。如果一个人不知道本领域的最新研究进展,很可能自己的研究已经有很多人做过了,那么研究就缺乏创新性,理论意义与实践价值也就无从谈起。与其埋头做重复性的探索,不如直接借鉴他人研究成果。

在史各庄中心小学,原有选聘优秀教师担任教研组长的办法面临挑战,谁能胜任教研组长,以及教研组长应该具备哪些素质,成为学校亟待回答的问题。胡校长不是基于个人经验"拍脑袋"决策或举行校务委员会商议决定怎么办,也不是勇敢地"摸着石头过河",而是对已有文献进行回顾,于是发现已有相关研究有很多,而且众多文献都在强调教研组长的领导力。尽管胡校长在研究报告中引用的文献不是很多,但引用了本领域较新且具有一定影响力的文献。进一步分析,这一观点得到周丽蕊、黎炳学和卫发昌[6],郭成英[7]等人研究的支持,教研组长在实践中扮演多重角色,包括教研活动的参与者、教师反思的促进者、教研活动的组织者、研究氛围的营造者等。这一综述给胡校长带来有益的启发,一名教研组长不一定非得是业务最精湛的教师,只要他具备良好的领导力和责任心,能激发教研组内教师的思考,能带动教研组内教师的成长,就可以成为一名优秀的教研组长。

在实践中,很多校长和教师之所以忽视文献综述,与他们接触图书馆资源,特别是电子资源比较困难有关,但更主要的原因在于他们在观念上没有充分意识到文献综述的重要性。一个人如果不能"站在他人肩膀上",视野就不会开阔，创新就会有局限，研究的价值也要打折扣。更新观念，重视文献综述，在文献综述的基础上推动研究，是教育者向研究者转变的必经之路，也是有效推动学校改进研究的前提。

其次，胡校长在研究中体现了以校为本的取向。校本研究在21世纪初开始兴起。以校为本的意思是：为了学校、基于学校，以及在学校中进行。换而言之，学校改进研究旨在改进学校工作，必须以校为本，必须基于学校的实际，从学校实际出发。所以，胡校长基于文献综述发现了教研组长的素质结构，但这种素质结构是否符合学校的实际需求，还需要做深入的分析。于是，胡校长在学校进行摸底分析，发现当前学校教研氛围不浓和教研活动低效的一个主要原因就是教研组长缺乏责任心和领导力。校本分析支持文献综述的观点，史各庄中心小学明确和坚定了选择教研组长的新思路。

校本取向还体现在这一学校改进研究的实施过程中。教研组长，特别是新任教研组长的成长，是在学校情境下发生的，是"在学校中进行"。胡校长将学校长期推动的"成长教育"理念，不露痕迹地贯彻在教研组长队伍建设中。学校领导干部"下沉"到教研组，对教研组长和教研活动给以指导；教研组长以老带新，通过跨教研组活动或教研展示活动促进新老交流与共同成长；教研组长提高领导力，促进组内交流合作，带动教研组的整体发展。"让生命唤醒生命，让成长影响成长"的理念自然融入到教研组长培养和教研活动改进工作中，一个相互学习、共同成长的学习型组织悄然形成。

最后，胡校长以严谨务实的态度推动行动研究。学校改进是一个持续的过程，行动研究也是如此，学校要不断地发现问题、分析问题和解决问题。在这项学校改进研究的初期，史各庄中心小学面对的问题是找不到合适的教研组长。教研组长选聘结束后研究进入第二阶段，在这一阶段学校面临的问题是如何确立教研组长的权威和提升教研组长的领导力。而到研究后期，学校需要解决的问题是如何进一步提升教研活动的实效性。在每一个阶段，学校都对问题的性质、表现和成因进行深入分析，以寻找有效的应对策略；在问题解决过程中，学校还有意识地收集证据分析问题解决的程度及亟待进一步解决的问题。问题意识贯穿在行动研究过程中。这种问题意识和严谨务实的研究态度，不仅有效推动了史各庄中心小学教研组长队伍建设和教研活动的改进，而且必将在很大程度上推动史各庄中心小学的整体改进。

总而言之，史各庄中心小学关于教研组长选聘和培养的研究是扎实的，也是卓有成效的。很多人喜欢这样一句话，"教育就是一棵树摇动另一棵树，一朵云推动另一朵云，一个灵魂唤醒另一个灵魂"。当我们将这句话与"三人行必有我师"联系起来，会发现"教育"不仅存在于师生之间，也可以发生在同侪群体。而换一种说法，这种"教育"实际上就是一个人影响另一个人的过程，就是领导力。从这一意义上而言，不仅教研组长可以在教研活动中发挥组织协调、引领促进的作用，每一名教师都可以发挥领导力。如何让每一名教师都提升领导意识，都主动参与教研活动设计与实施，引领和促进教室中的教学变革，在未来可成为很多学校的研究主题。

参考文献

[1] 蒋海棠，夏惠贤. 论英国中小学教研组长的专业标准 [J]. 全球教育展望，2005，34（1）：76-80.

[2] 张秀荣. 领导学视角下中小学教研组长的角色定位与素质探析 [J]. 教育探索，2010，(9)：89-90.

[3] 孙金鑫. "名校之名，在名教研组" [J]. 中小学管理，2019，(10)：1.

[4] 赵小雅. 教研制度：理直气壮的中国特色 [N]. 中国教育报，2014-03-05（006）.

[5] 程介明. 上海：一个发展中国家的大城市是如何跃居世界第一的 [A]. 塔克. 超越上海：美国应该如何建设世界顶尖的教育系统 [C]. 柯政，主译. 上海：华东师范大学出版社，2013：27-45.

[6] 周丽蕊、黎炳学、卫发昌. 校本教研中教研组长的角色定位与重塑策略 [J]. 教育科学论坛，2006，(4)：36-37.

[7] 郭成英. 新课程背景下教研组长的角色定位 [J]. 当代教育科学，2007，(1)：33-36.

第 7 章　绩效工资改革：是机遇还是挑战？

教师绩效工资改革涉及教职工的切身利益，是学校人力资源管理中的核心问题。它不仅影响教师工作的积极性与绩效，也在很大程度上影响学校的稳定与发展，是学校改进的重要领域之一。2019 年，北京市启动新一轮教师绩效工资改革，其主要意图是在增量改革的基础上加强工资分配与绩效考核的联系，建立多劳多得、优绩优酬的分配制度，激励有作为、肯担当的干部和教师。为成功推动改革，北京市昌平区崔村中心小学面向全体教职员工开展了多轮深入的调研，了解他们关切的问题，听取他们的意见与建议，然后基于教委文件并参照友邻单位做法，提出了新的绩效工资方案。尽管方案在教代会上有两票不同意，但获得了多数教职工的支持。未来，崔村中心小学将在专业引领下进一步完善方案设计，以绩效工资作为杠杆，撬动教师发展，激发教师活力。

学校基本情况

崔村中心小学地处北京市昌平区东部，其前身为 1915 年创办的大辛峰学堂。1949 年大辛峰学堂发展为公办完全小学，1952 年更名为崔村中心小学并延用至今。学校现由崔村中心校、香堂完小和大辛峰完小三个校区组成，总占地面积 3.7 万平方米。学校共有教学班 26 个，教职工 80 人，其中专任教师 67 人。学校有高级教师 13 人，市级骨干教师 2 人，区学科带头人 2 人，区级骨干教师 18 人。近几年来，学校围绕"打造昌平新区品牌学校"

的办学目标，坚持"合作育人，和谐发展，成就师生美丽人生"的办学理念，从构建和顺管理链条、和善教师团队、和润课程体系、和乐课堂文化、和雅德育特色、和美校园环境、和睦公共关系入手，不断深化内涵发展，办学质量不断提高，已发展成一所以"合和"文化为标志的农村优质学校。自2015年至今，学校连续5年被评为昌平区小学教育教学质量综合评价优秀学校。学校还荣获北京市基础教育科研先进学校、北京市基础教育教学成果奖、北京市"一校一品"体育教学改革项目试点校等多项荣誉称号。

校长简介

赵彩霞（1973-），女，本科学历，高级教师，现任北京市昌平区崔村中心小学校长。她是一名优秀的小学语文教师，曾荣获第三届全国小学课堂教学比赛语文学科一等奖；她也是一名善于思考、勇于变革的校长，自2014年任校长以来在学校办学特色建设、教师专业成长、教师绩效工资等方面进行很多大胆探索，取得突出成绩，被昌平区委区政府授予优秀教育工作者、三八红旗手、榜样校长、创优争先优秀党员、优秀青联委员等荣誉称号。

案例分享

牵动人心的绩效工资改革

绩效工资是激励教师的重要手段。从马斯洛需求层次理论来看，绩效工资在一定程度上代表着一个人的成就和荣誉，因此它不仅能满足个体的生理需要、安全需要和社交需要，而且可以满足个体的尊重需要和自我实现需要。教师们都十分关心绩效工资制度改革，每一轮改革都牵动着大家的心。

2008年，国务院办公厅发布《关于义务教育学校实施绩效工资指导意见的通知》，规定义务教育阶段中小学从2009年1月1日起实施绩效工资。教师绩效工资总量暂按学校工作人员上年度12月份基本工资额度和规范后的津贴补贴水平核定，规范后的津贴补贴平均水平按照教师平均工资水平不低于当地公务员平均工资水平的原则确定。主管部门统筹协调，逐步实现同一县域内义务教育学校绩效工资水平大体平衡，并对农村学校，特别是条件艰苦的学校给予适当倾斜。随着各项配套政策的出台和落实，教师们的收入明显增长，农村学校教师津贴也落实到位。我校地处昌平区崔村镇，2016年9月起，北京市落实乡村教师支持计划，执行乡村教师岗位生活补助。相比于在昌平城区工作的教师，我校教师每月可多享受1800元的乡村教师补助。加之我校一直强调"合和文化"，教师们的工作积极性得到了很好的调动，同事关系与干群关系也比较和谐。

为进一步激励教师，建立优劳优酬的分配制度，根据北京市教委、北京市人力资源和社会保障局、北京市财政局印发的《关于进一步完善义务教育学校绩效工资分配制度的指导意见》，昌平区于2019年12月发布《关于进一步完善昌平区义务教育学校绩效工资的实施方案（试行）》，对义务教育学校教师绩效工资的分配办法提出新的政策要求，主要包括：教委根据师生比、学校规模、不同学段、集团化办学改革等因素，将学校分成不同类型，按照不同类型核定基础性绩效工资和奖励性绩效工资标准，计算学校绩效工资月总额，由学校制订方案自行分配；按岗定酬，按绩奖励，淡化职务和身份；绩效工资分配在增量改革的基础上，向重点人群、特殊人员倾斜；提高班主任津贴，每个班级的班主任费基数每月800元，再按照每生每月40元的标准累加核算，从2019年1月起补发；有随班就读学生的学校，按每生每月700元发放给学校，由学校进行分配，骨干教师津贴按一次性奖励标准发放。

与旧工资表对比，可以发现原有的基本工资（岗位工资、薪级工资、10%提高工资）、国家和北京市规定的各项津补贴（综合补助、临时补贴、教龄津贴、独生子女费、提租补贴、物业补贴、采暖补贴等）、乡村教师岗位生活补助、一次性奖励综治奖等12项都得以保留，改变主要体现在奖励性绩效工资、班主任费、骨干教师津贴等方面，由学校制订方案统筹发放。

新一轮教师绩效工资改革就是要通过完善绩效工资分配激励机制，解决改革任务增加、教师贡献差异的问题，从整体上进一步提高教师收入，而且要求中小学在统筹过程中要突出绩效考核，重在拉开差距，激励有作为、肯担当的干部和教师,有效体现教师工作量和工作绩效,多劳多得,优绩优酬。对于很多中小学来说,这是一个机遇,同时也面临挑战。

我们应该怎么办?

倾听教职工们的心声

教师在绩效工资方案中的参与度和对最终方案的认同度,至关重要。如果学校制订的具体方案能被教师们广泛接受,就能有效激励教师。反之,如果学校方案引发或激化了教师中的矛盾,教师的积极性可能会不升反降。

为了帮助教职员工充分了解新一轮绩效工资改革的背景,明确政策导向,同时了解教职员工在政策推动过程中关切的问题,倾听他们的心声,我校开展了广泛而深入的调查。

第一轮调研采用一对一访谈或集体座谈的方式。首先,我们针对单人单岗和有代表性岗位人员,如副校长、德育主任、办公室主任、完小校长、少先队辅导员、教导员、后勤岗位、班主任、副班主任、学科教师,实施一对一的访谈,总计进行了10场次。接着,我们针对班主任、副班主任、体育教师、学科教师、后勤人员等不同群体,组织集体座谈,总计6场次。再次,针对前期梳理出的几大矛盾点,我们开展了多种群体共同参与的综合调研,总计4场次。最后,我们针对全体教师,分7个场次实施深入调研,老师根据自己的上课时间任选其中一场参加,即使休产假的老师,我们也进行了电话追访,确保人人参与。4个轮次,27场次的调研,让我们对教师意见有了初步的了解。

从整体上看,教师对绩效工资政策是认同的,认为应该让多劳者多得,应该在工资上体现工作量和工作绩效,但对于如何有差异地分配才能体现公平,有些教职工存有疑虑和担心,提出了一些意见和建议。在教职工中,意见比较大的人群相对集中在10个办公室中的两个;从地理位置上,中心校教师的意见比完小教师的意见更大;从岗位上看,意见比较多的是副班主任及科任教师;从年龄上看,35岁到45岁之间的教师意见比较多。

将大家的意见进行归纳,发现教师们比较关心分配公平问题,特别是能否正确处理以下几种关系，主要有干群关系、班主任与副班主任的关系、语数英学科与其他学科的关系、一线与后勤的关系、中心校教师与完小教师的关系、课表内课时与其他具体工作的关系、学习培训与本职工作的关系、定量工作与非定量工作的关系。教师们认为，每一个岗位上的人工作都不容易，但要真正推动绩效工资改革，拉开差距，就要触动某些人的利益，大家都希望自己得到公平的工资。

以下列举一些教师在访谈中的典型意见：

● 干部是为大家服务的，应该吃苦在前，为什么一到工资这儿就要高于我们老师？（就拿奖励性绩效工资来说，）副校长拿教师平均水平的130%，这是教委规定，我没意见，可凭什么其他中层（干部）拿（教师平均水平的）120%？

● 班主任工作很重要，可是按现在的算法，如果一个班有40个学生，一个月就多拿2400（元），一年下来就差不多3万（元），这是不是也太多了？（如果这样，）那是不是班主任肩负的责任也应该大一些？现在的26个班主任水平参差不齐，责任心也不一样，既然是绩效工资改革，班主任考核这方面还要细化，优秀班主任评选办法也要公平，不能让班级管理一般般而会左右逢源的人当选。

● 我去年是班主任，教语文学科，今年（教）8节语文课，负责全中心的语文教学、语言文字工作和一些临时性工作，工作量（比去年）大了，任务重了，可因为我不当班主任，（这么一来）钱却少多了。看上去是"提拔"我做教导员，可这还是认可与奖励吗？

● 我没当过班主任，也当不了班主任。可我知道，副班主任工作量也不少，副班主任费用总不能低于班主任费的一半吧，要不差距太大了。

● 中心校班级容量大，班主任费体现了，科任老师的费用怎么体现？完小和中心校都一样计算吗？

● 想当初我能干的时候，工资差异很小。现在（我）一身病，干不动了，就该靠边站。可同样上一天班，就该比别人少好几千？能否考虑下工龄？

● 我也不想多挣钱，除了上课，学校什么事情也别找我，多一点我也不干了。

第二轮调研，我们采用问卷方式，全校所有教职员工都参与了在线问卷的填写。问卷调研的结果与第一轮调研的结果基本一致。在问卷中，我们先让大家报告对本轮绩效工资政策的认同度，对于"本次绩效工资改革应真正体现多劳多得，优绩优酬，发挥激励作用"，非常同意的教职工占52.6%，比较同意的占42.1%，一般2.6%，非常不同意和比较不同意各占1.3%。

接下来，我们列举了教职工关注的若干问题，要求大家根据自己及身边同事的意见，报告对这些问题的关注程度，给这些问题排序。采用公式Σ（频数×权值）/本题来填写人次，计算每个问题选项的平均综合得分，得分越高，说明大家关注的程度越高。这一公式中权值由选项被排列的位置决定，例如，题目中列举了12个问题让教职工排序，那么排在第一个位置的权值为12，第二个位置权值为11，最后一个位置权值为1。结果参见图7-1。关注度排在前三的问题分别是：（1）和过去比，我多挣多少；（2）班主任与普通教师间的津贴差距有多大；（3）副班主任的津贴如何发放，与正班主任的差距有多大。

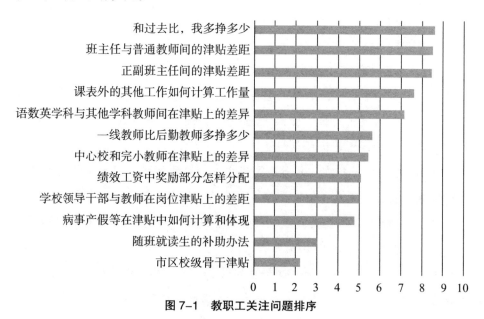

图7-1 教职工关注问题排序

最后，我们基于构思中的绩效工资方案，列举出一些分配观点，让教职工报告他们同意或不同意这些观点的程度，结果见表7-1。

表7-1 教职工对分配观点的认同程度分析（%）

分配观点	不同意	同意
在绩效工资改革中，学校应该加强岗位职责设定。	0.00	97.37
在绩效工资改革中，学校应该加强工作量考核和评价。	0.00	97.37
在绩效工资改革中，干部因为责任大、工作量大，挣得多是合理的。	13.16	61.84
虽然教职工之间的工作量不好衡量，但是学校最好制定出标准工作量。	0.00	96.05
虽然每个学科对学生的发展都很重要，但从课时来看，不同学科每节课时的工作强度是不同的。	3.95	93.42
如果算课时费，有批改作业、辅导学生等工作量大的语数英学科的课时费应高于其他学科。	10.52	77.63
中心校教师教的班少、学生多，完小教师教的学生少、学科多，都很辛苦。	9.21	81.58
上级部门增加了班主任津贴额度，班主任应该竞聘上岗。	1.32	89.47
在评优秀班主任和优秀班级时，将班主任和副班主任捆绑评价。	26.31	52.63
本次绩效改革，取消了年终绩效，将年终绩效合并到每月的绩效中，由学校统筹。在发放中，学校每月最好预留一部分，作为年终绩效，对各种获奖的教师进行奖励。	14.47	65.79
对获奖教师的奖励额度，在正式的各级各类比赛中带领团队获奖的奖励应该高于个人获奖。	2.64	69.74
学校在做工资方案时，不能只考虑课时，还应考虑迎接检查、参加比赛等具体的、临时性的工作。	2.63	88.15
对于做出重大贡献的人，学校应在年终给予重奖。	0.00	80.27

表中不同意的人数百分比指选择"非常不同意"和"比较不同意"的人数百分比，同理，同意人数百分比指选择"比较同意"和"非常同意"的人数百分比，持中立意见的人数百分比在表中未予列举。这一方面是向教职工们征求意见，另一方面也是在宣传学校的初步想法。

图 7-1 和表 7-1，用数据表明了各种观点的受关注程度，也告诉我们在方案制订过程中应优先关注和重点关注哪些问题。对于教职工来说，很多人"不患寡而患不均"，都希望自己得的多，至少与自己的付出相匹配，这一点可以理解。而对于学校来，我们"不患贫而患不安"，我们希望绩效工资既能适当拉开差距，让多劳者多得，又能照顾每个人的情绪和感受，让大家心平气和地接受新方案，愉快高效地开展工作。

当然，要切实打破"大锅饭"，让"抱盆喝粥""平均主义""干多干少都一样，干好干坏都一样"成为历史，让"评上高级就自我退休""高职低岗多酬"这些不合理现象彻底消除，并非易事。绩效工资分配，以及与之紧密联系的教师绩效考核，是这轮改革的"牛鼻子"，是"瓶颈"，我们必须谨慎。

作为校长，我也深刻地意识到，坏人当不好校长，老好人当不了校长。一名校长仅仅做老好人，一味地求稳定不碰硬，已不能适应新的改革潮流。校长要看得见远方，要有责任担当，要勇于打破教职工的"舒适区"，要下得了决心，忍得了拔节之痛，为师生成长创造更加有利的条件。

破天荒的两票不同意

从接到北京市和昌平区两级教委发布的正式文件，我校就在广泛调研的基础上研制绩效工资方案。

在起草方案之初，我们首先明确方案设计的 4 条基本原则：（1）坚持改革方向。本次改革的大方向是多劳多得，优绩优酬，重在拉开差距，突出绩效考核，并且向一线教师倾斜、向骨干教师倾斜、向班主任倾斜、向重要岗位倾斜、向承担教育改革任务多的教师倾斜。这点一定要旗帜鲜明，要反复强调，绝不能听到不同意见就摇摆不定，一定要把政策贯彻到位。（2）基于教委文件。基础性绩效工资设置岗位津贴、班主任费、骨干教师津贴、综合补助等项目；奖励性绩效工资体现超工作量和实际贡献，设置考核奖、出勤奖、特殊贡献奖、教育教学成果奖、课时费、超工作量津贴、校级骨干教师津贴等。所设项目基本和教委文件要求一致，做到有章可依。（3）参照友邻单位。我校多次与友邻单位沟通交流，争取与友邻单位求大同存小异，与他们的绩效工资方案不会有大的出入。（4）谨慎过渡。新旧方案之间要注意衔接，在2019年方案与2008年绩效工资方案之间做好过渡。所以，我们认真研读旧方案，保留有利于学校发展的旧项目，需要完善的则予以改进。

经过了多轮的讨论和修改，最后我们确定了2019年学校绩效工资方案，主要安排是这样的：

> 1. 市区骨干教师津贴。按2018年市区骨干教师一次性奖励标准发放。
> 2. 随班就读补助。有随班就读学生的学校按每个学生每月700元的标准下发给学校统筹安排，学校按《崔村中心小学特教岗位补助津贴发放办法》（五届七次教代会通过）发放。
> 3. 基础性绩效工资。在编在岗人员均可以享受，按照每人每月200元计发，补发12个月。工作不满一年的，按月发放。
> 4. 教委与学校按岗发放部分。本次完善绩效工资的发放，学校按照教职工工作性质和学生教育管理责任把学校各级各类人员分为副校级干部、中层干部、班主任、副班主任和其他岗位发放，因特殊原因出现特殊情况人员的资金发放由学校党政班子会研究决定。
> （1）班主任发放金额：（800元基数+40元/生×学生数）×12个月−2019年已按月发放的班主任费（此发放方法由昌平区教委制定）+平均部分。
> （2）副班主任发放金额=5000元+平均部分。
> （3）副校级干部发放金额=5000元×130%+平均部分（教委规定不低于本单位平均数的130%）。
> （4）中层干部发放金额=5000元×120%+平均部分。
> （5）其他岗位人员发放金额=3600元+平均部分。
> （6）平均部分：指副校级干部、中层干部、班主任、副班主任和其他岗位人员按相应标准发放费用后，剩余金额平均分配给现有的80名教职工，即为每名教职工享受的平均部分。

方案交给教职工代表大会投票表决之前，我向工会代表们汇报了学校的调研过程及方案制订过程，对所有教职工的积极参与表示感谢，对大家的关切和担忧也表示理解，同时也希望教职工要打破3个误区。

第一是打破"普涨工资"的误区。这轮工资改革全校的工资总量在增加，但改革方向是体现工作量和绩效，所以绝大多数人的收入会增长，但不排除可能有少数人收入下降。第二是打破"平均主义"的误区。学校希望打破大锅饭，岗位不一样，责任不一样，干多干少和干好干坏也有差异，工资自然应该不一样。学校内涨得多的并不是从涨得少的人身上拿了钱。岗位津贴有差距，人是平等的，岗是可以竞聘的，人是可以进步流动的。第三是打破"校际比较"误区。教委按照师生比、学校规模、不同学段、集团化办学、学校考核结果等因素，依据不同类型核定标准拨付费用，没有每个老师的平均数，各校在各因素上都有很大差异，校际间不具有可比性。

打破平均主义很难，要实现绝对或更好的公平也很难，在改革过程中，我们恳请每一位教职工要用积极平和的心态看待绩效工资改革。

最后，我校2019年绩效工资方案在教代会上顺利通过。但出人意料的是，在这次投票中，有两名代表投了不同意票。虽然这两票没有影响方案的通过与执行，但毕竟这是我任崔村中心小学校长以来，在做了如此大量工作的前提下，第一次出现反对票，需要给予重视。

2020年初，在2019年绩效工资方案执行到位后，我们让全体教职工对这一轮改革的满意度进行评估，1分为"非常不满意"，5分为"非常满意"，结果总体平均分为3.56分，达到满意程度。比较满意和非常满意的人占比59.75%，比较不满意和非常不满意的人超过10人，占比14.64%。

改革已经启动，我们的方案还将进一步完善。

专业引领下的方案完善

2019年绩效工资以补发形式落实，而2020年完善后的教师绩效工资分配办法将在全市范围内正式推行，并按月落实。北京市和昌平区两级教委将进一步加大学校自主权，绩效工资总量的10%由区教委统筹发放，90%由学校统筹发放。学校办学自主权增加了，相应地，学校所承担的责任与风险也会扩大。

为谨慎推动绩效工资改革，有效改进绩效工资方案，在2019秋季学期尚未结束的时候，我校就成立专门的工作组研制2020年绩效工资方案。

工作组研读了2020年文件，分析其与2019年文件的差异，寻找更好的衔接和过渡办法；工作组还走访友邻单位及本区评价好的学校，向兄弟学校取经。此外，我们还主动寻求专业引领，邀请在绩效工资方面有研究专长的专家和名校长——北京师范大学赵德成教授、北京市教科院宋洪鹏博士、北京市朝阳区北京中学夏青峰校长等——多次来校，为我校提供高水平的专业引领。

从2020年1月至今，工作组重点推动了以下几项工作。

（一）明确岗位职责，制定满工作量和超工作量核算办法

工作分析是所有人力资源管理工作的基础。[1]要合理确定各岗位的基本工资和奖励性绩效工资的基准，形成能为更多人接受的绩效工资方案，必须先进行工作分析，特别是明确岗位职责和工作要求。我校全体教职工可以分副校级干部、中层干部、大队辅导员、班主任、副班主任、教研组长、专任教师、职工等多种岗位，每个岗位要做什么以及要做到怎么样，我们都在广泛征求利益相关者意见和充分讨论的基础上予以明确，形成每一个岗位的岗位职责描述。

工作量的计算是教职工，特别是专任教师非常关心的问题。经深入讨论，我校提出，语文、数学、英语教师周课时10课时为满工作量，其他人员周课时12课时为满工作量。学校统一安排进班指导，参与上午大课间的按每周2课时计算，参与下午第七节课外活动、校本课程的按每周3课时计算。干部岗位（如副校长、中层干部、女工委等）和特殊岗位（如大队辅导员、网管、实验教师、器材保管员等）的工作，也折合成课时数，统一计算。教师超出满工作量标准的部分，学校按超出周课时数每节30~40元的标准，发放超工作量津贴。

（二）开展岗位价值评估，为奖励性绩效工资发放提供依据

岗位价值评估是确定每一个岗位相对价值的过程。一个岗位相对于另一个岗位的价值大，就应该获得更多的工资保障，否则就可能引发员工的不公平感，从而破坏绩效工资的激励性。在专家指导下，我校综合采用评分法（也称计分法）与德尔菲法，严谨地开展了岗位价值评估。评分要素有4个，分别是"所需的技能与经验""责任""精力投入"和"工作难度"。评分者既有来自我校的干部和教师代表，也有校外的资深校长。经过三轮背靠背的评分，每个岗位的相对价值最后以定量的形式表达出来，克服了原来岗位价值评估靠少数人"拍脑袋"决定的局面。

参考每个岗位的价值评估结果，依据北京市及昌平区两级教委的文件精神，我校初步决定将班主任津贴基数设定为每月800元，再按照每个学生每月30元的标准累加核算，核定每名班主任的津贴总额；副班主任津贴基数设定为每月200元，再按照每个学生每月10元的标准累加核算；副校级领导干部的岗位津贴参考本单位平均班主任津贴的120%确定，中层干部以此类推，享受班主任平均数的110%。

（三）制订岗位竞聘办法与绩效考核方案

每个岗位的职责不一样，基础性绩效工资和奖励性绩效工资的发放额度也不一样。与此相配套，学校要建立各个岗位能进能出、能上能下的竞聘机制，释放制度活力。以教师们最为关心的班主任和副班主任岗位为例，我们提出班主任一学年一聘的差额动态竞聘机制。学校成立班主任聘任小组，成员由德育校长、德育主任及家长委员会代表构成。每位竞聘者要做竞聘演讲，聘任小组会在竞聘者演讲结束后提问或质询。竞聘者做出答辩后，小组成员给每位竞聘者评分，分高者将被安排作为某个班级的班主任，再由班主任而不是聘任小组基于副班主任竞聘者的评分，自主决定本班的副班主任人选。

此外，学校还商议制订了每个岗位的绩效考核方案。考核方案注重发展

性，考核组会在每次考核结束后为每个被评估者提供比较详细的书面考核报告，让其知道自己的优势与不足，以便更好地改进。同时，考核方案又具有适度的奖惩性，考核结束后将基于考核结果在各个岗位中评选出一定比例的优秀工作者，且给以一定的奖励，在下一学年按月发放。

（四）加强过程民主，确保程序公平

程序公平在一定程度上比分配公平更重要。宋洪鹏（2016）在研究中发现，程序公平对教师敬业乐群、工作满意及工作投入的水平都有显著的正向预测作用。[2] 通俗地说，就是一所学校在推行绩效工资改革的过程中越公开、越民主，教师会越敬业乐群，工作投入越多，满意度也越高。

我们继承2019年方案出台过程中的优秀经验，从岗位职责描述到岗位价值评估，从竞聘办法到考核方案，在每一个环节，都广泛地征求教职工意见，最大程度地让更多人参与到方案制订过程中。受新冠疫情影响，学校延迟开学，教师们都在家办公，但我们通过在线方式开展调研和座谈，大约80人次参与了调研，不少于一半的人参与了方案的研讨。教职工对即将出台的2020年绩效工资方案都有较为深入的了解，程序公平得以保证。

对未来的展望

目前，崔村中心小学2020年绩效工资方案以及与之配套的各项制度文本，我们已经全部完成，正在进一步征求意见与修订之中。据3月份学校开展的一次摸底调研显示，教职工对不同岗位的绩效工资计算方式及额度差异、岗位竞聘办法、岗位考核方案，以及程序公平等诸维度的满意度平均分均超过了3.50，整体满意度已明显高于对2019年方案的满意度。

待疫情结束教师们返校之后，我们将正式召开宣讲会议，并最后交由教代会讨论投票。无论这一轮投票的结果怎么样，我们都会一如既往地以科学谨慎的态度研判形势，分析问题，不断完善方案。愿绩效工资改革成为一个有力的杠杆，激发教职工工作热情，推动我校师生快乐成长。

（成稿时间：2020年5月）

点评

绩效工资（performance-based pay 或 pay for performance）是将员工工资收入与其工作绩效联系起来的工资制度。要对崔村中心小学的案例进行点评和分析，必须先了解我国教师绩效工资改革的宏观背景，把握教师绩效工资政策的核心目标。

在我国，中小学教师绩效工资制度起源于1985年的结构工资改革。为逐步消除平均主义和其他不合理因素，初步建立按劳分配的工资制度，《中共中央、国务院关于国家机关和事业单位工作人员工资制度问题的通知》（中发〔1985〕9号）要求普通中小学校从1985年1月1日起实行结构工资制。结构工资分为基础工资、职务工资、工龄津贴和奖励工资四个组成部分，其中奖励工资用于奖励在工作中做出显著成绩的教师，开始将教师工资与劳动绩效联系起来。

当前正在全面实施的中小学教师绩效工资改革则由事业单位收入分配制度改革拉开序幕。2006年6月，国家人事部（现为人力资源和社会保障部）、财政部颁布《事业单位工作人员收入分配制度改革方案》（国人部发〔2006〕56号），规定事业单位实行岗位绩效工资制度。岗位绩效工资由岗位工资、薪级工资、绩效工资和津贴补贴四部分组成，其中绩效工资主要体现员工的实绩和贡献。为落实岗位绩效工资制度，2008年国务院办公厅转发人力资源和社会保障部、财政部、教育部《关于义务教育学校实施绩效工资指导意见的通知》（国办发〔2008〕133号）（以下简称《通知》），指出岗位绩效工资中的绩效工资又分为基础性和奖励性两部分。基础性绩效工资主要体现地区经济发展水平、物价水平、岗位职责等因素，占绩效工资总量的70%；奖励性绩效工资主要体现教师工作量和实际贡献等因素，在考核的基础上，由学校确定分配方式和办法。《通知》还强调，中小学要充分发挥绩效工资分配的激励导向作用，在分配中坚持多劳多得，优绩优酬，重点向一线教师、骨干教师和做出突出成绩的其他工作人员倾斜。

可以说，将教师工资收入与工作绩效联系起来，建立多劳多得、优绩优酬的工资分配制度,是绩效工资制度改革的重要目标。近十多年来,各地市相继出台指导意见或实施细则,积极推动绩效工资制度在中小学,尤其是义务教育学校的落实,取得了一些积极的进展。但值得注意的是,一些实证调查显示,在很多地方,"平均主义"与"大锅饭"现象仍然不同程度地存在。比如,容中逵在浙江省绍兴、上虞等六地开展实地调研,多数校长表示教师绩效工资实施后所带来的一个主要问题是新一轮"大锅饭"现象。奖励性绩效工资多得者与少得者的差距不大,实质性的奖励额度并不足以激励广大教师的工作积极性。很多教师将这部分奖励金额与自己所付出的时间、精力进行比较之后,宁愿不要或少要这部分奖励,以获取更多的闲暇时间。[3] 又如,胡耀宗和严凌燕面向安徽、河南两省1000位参加"国培计划"的校长和教师进行调研,发现很多学校的绩效工资制度并没有深入推动,奖励性工资基本上平均发放,上下差距大部分集中在500~1000元之间,工资幅度不大,激励效果不明显,没有充分发挥绩效工资奖优罚劣、激励先进、勉励后进的积极作用。[4]

正是在这样的背景下,北京市教委、北京市人力资源和社会保障局、北京市财政局联合印发《关于进一步完善义务教育学校绩效工资分配制度的指导意见》,强调按岗定酬,按绩奖励,突出绩效考核在绩效工资分配中的作用,拉开教师收入差距,有效激励有作为、肯担当的干部和教师。从这一意义上而言,北京市新一轮中小学教师绩效工资改革,对于中小学来说既是机遇,又是挑战。说是机遇,是因为新一轮绩效工资改革进一步强调打破"大锅饭",改变"平均主义",加强教师绩效工资与其工作绩效的联系,真正建立多劳多得、优绩优酬的分配制度,藉此激发教师活力,促进教师队伍建设,符合中小学管理者的期待。说是挑战,是因为绩效工资改革是一个利益再分配的过程,可能会触动某些人的利益,引发他们的不满,甚至投诉或上访,这对于中小学无疑是一个挑战。

崔村中心小学敢于迎接这场挑战,在学校积极推动绩效工资改革。用赵彩霞校长的话来说,就是"要旗帜鲜明,要反复强调,绝不能听到不同意见就摇摆不定,一定要把政策贯彻到位"。当然,崔村中心小学不是盲目蛮干,而是谨慎有序、积极稳妥地推动。他们的核心经验可以概括为三个方面。其一，广泛听取教职工意见与建议，让教职工参与有关决策。在崔村中心小学制订绩效工资方案前的调研中，每位教师都通过访谈、问卷等方式充分表达了自己的意见，参与了具体制度安排的讨论，体现了现代学校治理的理念，保障了程序正义，使决策能在最大程度上得到教职工的支持。其二，在方案制订之初就确定几个基本原则，包括坚持改革方向、基于教委文件、参照友邻单位、谨慎过渡，确保改革的合法性与合理性。其三，注重专业引领，在专家引领下开展工作分析与岗位价值评估，制订岗位竞聘方法与绩效考核方案，加强工资分配方案的科学性。

崔村中心小学的前期准备工作充分，对制度的协商讨论也十分深入，所以他们制订的绩效工资实施方案得到教职工的广泛支持。赵校长告诉我们，该校 2020 年绩效工资实施方案已经于 6 月在教代会上获得全票通过。无论是 2019 年的方案，还是 2020 年的方案，我们都欣喜地看到，绩效工资制度在崔村中心小学正在扎实地推动。

方案体现了按岗定酬原则，让干多干少不一样。学校采用严谨的程序评估每个岗位的相对价值，并据此确定更加合理的津贴数额。以班主任津贴为例，2019 年方案严格执行北京市文件要求，每位班主任以每月 800 元为基准数，而后根据班额大小按每生每月 40 元累加计算，这样一个班额 40 人的班主任一学年可以获得 28800 元，副班主任无论班额大小，津贴一律按一学年 5000 元计算，两者相差 23800 元；而 2020 年方案则根据岗位价值进行了微调，班主任津贴基准数为每人每月 800 元，再按照每个学生每月 30 元的标准累加核算，副班主任津贴基数设定为每月 200 元，再按照每个学生每月 10 元的标准累加核算，以一个班额 40 人的班级计算，班主任一学年可得津贴 24000 元，副班主任一学年可得 7200 元，两者差距缩小至 16800 元。这种安排充分认可了班主任的工作价值，激励了大家承担班主任工作的积极性，同时也体现了副班主任的贡献，促进了班主任和副班主任在班级管理中的互助合作。

方案还体现了按绩奖励原则，让干好干坏不一样。2019 年崔村中心小学的绩效工资方案主要是按岗定酬，对绩效表现的认可还不够。但 2020 年方案已经有明显的改观，他们制订了每个岗位的绩效考核方案，在考核结束后基于考核结果在各个岗位中评选出一定比例的优秀工作者，给以一定的奖励，在下一学年按月发放。这种安排改变了仅仅按岗定酬、不顾绩效表现、干好干坏都一样的局面，真正将绩效考核与工资分配联系起来，激励先进，鞭策后进，激发大家的工作积极性，让大家共同努力把工作做好。

当然，崔村中心小学的方案的效果究竟怎么样，是否能从整体上激发教师工作热情，促进教师专业成长和绩效提升，还需要时间的检验。崔村中心小学可以在实施过程中继续发扬民主，注意听取教职工、专家等群体的意见，在政策框架下不断完善绩效工资方案，促进教师队伍建设。

参考文献

[1] 诺伊等人. 人力资源管理基础 [M]. 雷丽华，译. 北京：中国人民大学出版社，2005：109-110.

[2] 宋洪鹏. 义务教育学校教师绩效工资政策评估研究 [D]. 北京：北京师范大学博士论文，2016：116-126.

[3] 容中逵. 教师绩效工资实施问题及其臻善——基于对浙江省的实地调研 [J]. 中国教育学刊，2012，(1)：38-41.

[4] 胡耀宗，严凌燕. 义务教育教师绩效工资执行偏差及其治理——基于沪皖豫三省市教师和校长的抽样调查 [J]. 教师教育研究，2017，29（5）：14-18.

第 8 章　什么样的教师是好教师

什么样的教师是一名好教师？这是教师队伍建设首先需要回答的问题。在北京市昌平区流村中学，一位在网上开展免费直播教学的"网红教师"希望学校能在公开场合对他给予表扬，引发了干部和教师们的争议。张庆民校长不仅为此召开了干部会议，还邀请校外专家提出咨询意见，最后达成共识，认为评优评先的标准要从单一走向多元，只要教师在一方面或几方面有突出表现，具有示范意义，就应予以表扬。后来，张校长调动到另一所学校——北京市昌平区二一学校，但他仍然持续推动有关研究，以多种利益相关者民主参与的方式为教师画像，提出好教师的评价标准，颁布《教师成长指南》，进一步引领和促进教师的成长。

学校基本情况

二一学校始建于1958年，位于北京市昌平区阳坊镇防化研究院内。学校原来是一所部队干部子弟学校，现已移交给地方，成为昌平区教委直属的一所九年一贯制学校。二一学子与军营绿、血脉红有着不解之缘。红色传承，是学校发展中的主旋律；让每一颗红星闪耀，是全校师生的共同心愿。学校现有教学班18个，其中小学12个，中学6个，学生总计468人；现有教职工64人，其中专任教师52人，市级骨干教师2人，区级学科带头人和骨干教师12人。学校中考成绩优异，连续多年被评为昌平区中考质量监控与评价优秀学校。

校长简介

张庆民（1970- ），男，本科学历，高级教师，现任北京市昌平区二一学校校长。他的人生理想是"给孩子最好的教育，让每一个孩子的人生精彩绽放"。他的教育信条是"爱生必须用真情，情真方能育良才"。在他的努力下，他任职校长的几所学校都发生了很大的转变，获得"全国中小学中华优秀文化艺术传承学校""全国艺术教育示范学校""北京市第二批学校文化建设示范校""北京市中小学文明校园"等多种荣誉称号。

案例分享

一名"网红教师"引发的思考

2018年秋季学期，我还在流村中学担任校长。流村中学位于北京市昌平区流村镇北流村，是昌平区规模最大的山区寄宿制初中校。作为校长，我经常与教师们进行各种正式或非正式的交流，以及时了解学校工作进展和教师发展需求。有一天，李老师（化名）来到校长办公室，在聊天中直言不讳地问了我一个问题："您看我现在是网红教师、区优秀宣讲员，镇里在宣传我，教委也在宣传我，孩子们也都喜欢上我的课，怎么没看到学校宣传表扬呢？您是不是对我有什么成见啊？"

李老师是流村中学的一名物理教师，一级教师，带初三年级两个班的物理课。从2016年10月份开始，李老师尝试在网络上免费直播物理课，不仅吸引了本校的学生，全区乃至全国各地不少孩子也在收看。现在他每周都坚持直播，基本上每次直播听课的学生有400人左右。李老师是山沟沟里的"网红教师"。除了网络直播外，李老师还在寒暑假组织免费的现场面授活动，有一次暑假在本镇某村连续讲了8次课，让近100个孩子从中受益。李老师的事迹曾先后被昌平报、北京晚报报道，被选为昌平区"讲述百姓成长的故事"宣讲员，还成为2018年"昌平榜样"候选人。然而，李老师所带班级的教学成绩，与同组物理教师相比并不很突出。在刚进入学校的第一年，他任教初二年级两个班的物理课，两个班考试成绩不错，取得了全区第8的好成绩。之后他又在初二带了一届，教学成绩与学校同组其他教师相比并不突出，他所带的班级到初三后状态仍不是很好，甚至在初三后半学期由年级主管领导接替他的班主任工作，最后学生中考成绩不是很理想。

实际上，要不要在校内宣传和表扬李老师，是个两难问题。这一点我们之前就已经意识到，也在小范围内讨论过，教师们对此存在争议。如果大力宣传他，那让教学成绩高的老师如何看待学校的评价？如果不宣传，校外在大张旗鼓地宣传，这是否也会影响李老师及其他教师的工作热情？

现在，李老师当面问我，有点突然，我微笑着答道："哪能有成见呢？应该表扬，做了好事就应该表扬！"

三问榜样选树

"做了好事就应该表扬"，这似乎是直觉。小时候读书时，老师鼓励我们做好人好事，也经常在班里、学校里公开表扬好人好事。等我们做了教师，更知道了赏识学生的重要意义，经常"拿着放大镜找学生的优点"，让每个孩子都有成就感，都乐于学习和交往。现在，当我们将情境转换到工作场景，是不是应该坚持这种观点和做法呢？

结束与李老师的对话后，我从以下三个问题出发，系统思考了优秀教师评选和榜样选树工作。

第一，学校为什么要选树榜样？一个榜样就是一面旗帜，它代表组织的发展方向，是核心价值观的具体化，员工可以从榜样身上感知到组织追求的理念和倡导的行为，从而约束并调整自己，使个人发展方向符合组织发展的需要。[1]一所学校开展评先和表彰活动，就是号召员工以先进典型为榜样，以主人翁责任感和高度激情投身于学校各项工作中，形成相互学习、彼此促进的成长氛围，建设发展共同体，促进师生成长与学校文化建设。

第二，学校要评选什么样的榜样？当前，很多学校评选的优秀教师或者树立的教师典型多是综合性的。优秀教师的评选标准通常由德、能、勤、绩等多方面指标构成，各个指标上的得分加权汇总，形成最后的评分，然后按照评分高低选出优秀教师。除了这种综合评选以外，一些学者主张评选某一方面或几方面有突出表现的榜样。人无十全，瓜无滚圆。学校要打破"完美无缺型"的传统思维，优秀教师表彰重在示范和引领。[2]正如多元智能理论所言，每个人的智能表现有很大差异，每个人都有其优势智能，不能要求每个人在各种智能上都表现优异，教师要善于发现孩子的优势智能，并且扬长避短或取长补短，促进孩子的发展。教师管理也是如此，教师不可能十全十美，只要教师在一方面或几方面做出超越其自身条件的突出表现，有示范意义，我们就可把他树为榜样予以表扬。

第三，学校如何选树榜样？优秀教师评选与榜样选树的过程要公开公正。有人建议企业选树典型应遵循如下程序：（1）由基层单位或部门根据先进典型的入选条件，在广泛征求员工意见的基础上确定初选名单。（2）组织内成立评选委员会，对候选人进行资格审查，并进行无记名投票评选。在这个过程中必须要有专门组织对选拔程序进行监督，确保评选的公平性和公正性。（3）对确定的典型名单进行公示，如存在异议，需经认真核实，最终确定典型名单。[3]北京市十一学校的"月度人物"评选程序也大致如此，其主要流程是：部门将材料报到校工会→校工会分类整理名单及材料→工会委员会评议确定"月度人物"→工会制作宣传海报→年末评选"学校年度人物"→元旦联欢会现场揭晓"学校年度人物"→制作"学校月度、年度人物"台历。[4]

流村中学一直重视教师的评优评先工作，已出台学校榜样评选的相关制度，每年结合"教师节"评选教学质量、师德、服务三类标兵，进行表彰和宣传。其中教学质量标兵依据全区评优的成绩排名双标准线，即及格率和优秀率标准线，没有人数限制；师德标兵综合考虑师德表现、考试成绩等因素，从一线教师中推选2~3人；服务标兵从二线服务人员中推选，每年推选2~3人。从程序上来看，学校基本上做到了公开公正，但教学质量标兵和师德标兵评选在一定程度上存在过分倚重学生考试成绩的倾向，这也正是李老师在标兵教师评选中没有获奖的重要原因。

在一次学校干部会议中，我提议大家对李老师的问题进行讨论。干部中出现两种不同的意见。有些干部认为可以表彰和宣传李老师，因为李老师积极投身课改，能够采用多样化的教学方式，教学语言幽默风趣，上课气氛活跃，学生课堂参与度较高。更重要的是他有奉献精神，牺牲业余时间，免费开通网络直播课，有时还现场授课，让包括本校孩子在内的很多孩子从中受益。他符合师德标兵的要求，可推荐参选师德标兵。当然，另外一些干部表达了反对意见，认为不能将李老师作为榜样进行宣传，主要原因是与本校其他同科教师相比，李老师的教学业绩并不很突出，而且网络直播等公益活动牵扯了他很多精力，导致他在教学常规方面出现小问题，比如有时迟到早退。如果将他评为标兵，对其他一直遵规守纪、尽职尽责做好本职工作的教师来说不公平，可能引发部分教师的不满。

两种意见都有道理。但李老师的事迹在媒体和公众中受到较为广泛的关注，给我校增了光、添了彩，学校如果不置一词，是不是也是问题？

评优评先制度专题讨论

学校的评优评先制度是否需要做出调整？如果要调整，如何调整？怎样才能更好地激励和凝聚教师？学校有必要对有关问题进行深入讨论。

我们先在校内通过正式工作会议和非正式随机谈话，面向干部和教师征求意见，2019年3月还邀请"创新昌平·卓越校长领导力诊断与提升"项目组的理论专家与名校长来校，与我校干部和教师代表一起开展专题讨论。在会上，大家畅所欲言，充分讨论，最后达成了如下一些共识。

首先，评优评先标准要从单一走向多元。在评价标准上要十全十美，还是要"一招鲜"？基本上与会者都希望加大对"一招鲜"的奖励力度。现在，流村中学的标兵评选分教学质量、师德、服务三类标兵，标兵的受奖面比较小。教学质量标兵虽然没有人数限制，但要达到区双标准线，难度不小。师德和服务标兵每年各有2~3人，这对于教职工总数70人的一所初中校来说有点少。学校可以扩大受奖面，特别是基于学校顶层设计与战略安排增设几个标兵项目，如班主任标兵、科研标兵，促进评优标准多元化，鼓励教师多样化发展。

其次,在评优评先制度实施中正确对待教学成绩。对每一所初中学校来说,学习成绩都十分重要,但在评优评先中过分倚重学生分数,不符合当前的教师评价理念,可能不仅不能树立好榜样,传播正能量,反而引发新问题。不少教师指出,学生成绩的好坏是由多种因素综合决定的,生源影响很大,班风也起很大作用,至少不是由教师教学能力和投入等教师个人因素单独决定的。有时候,有的教师教学能力强,教学投入大,但因为生源确实差一些或其他偶然因素没有取得好成绩,没有获得标兵奖励很委屈;而有的教师教学能力一般,教学投入也不多,可是因为班主任抓得紧,班风好,他所教学科的成绩却名列前茅,因而得到了标兵奖励,反倒引发教师的不公平感。教学质量标兵主要看学生成绩可以,但其他几类标兵的评选要有其他侧重点,要切实发现"一招鲜",充分发挥榜样作用。

再次,教师表扬与激励不能仅靠标兵评选。标兵评选每年一次,结合"教师节"表彰进行。多名校长强调,要在学校中树正气,仅靠标兵评选不行,学校要善于发现教师的"闪光点",及时表扬。有校长建议学校可以开展"月度教师""感动学校教师",或"我身边的榜样"评选,多一把尺子,多发现一批优秀教师。专门从事教师管理研究的宋洪鹏博士则建议,学校以各种名目评选优秀教师进行表彰,是一种正式的组织活动,而实际上非正式的激励也可以在教师队伍管理中发挥积极作用。学校管理者可在实践中使用一些简易的方法激励教师,比如,在会议中公开提及某名教师的努力或私下感谢教师在工作中做出突出贡献;又如,当听见关于某位教师的正面评价,尽快告诉他。当教师的努力和成绩可以很快得到欣赏与认可,学校内的干群关系和同事关系就会不断改善,教师的工作热情也会得到更好的调动。

另外,在教师评优中充分听取学生的意见。学生是受教育的对象,教师的工作做得怎么样,学生很有发言权。在与物质奖赏、职称晋升等相联系的优秀教师评选中,将学生投票或评分以一定权重计入总分需要谨慎,但学校至少可以开展"我最喜爱的教师"评选,让学生发表意见,选出他们心目中的好教师。在很多教师看来,能获得"学生最喜爱的教师"称号,比获得学校授予的标兵称号更有分量,更令人自豪,更鼓舞人心。

经讨论，评优评先制度改革的方向基本明晰，学校安排专门的人员开始起草新的方案。

为我校教师画个像

2019年7月，流村中学评优评先制度文本还没有定稿，我就被昌平区教委调到二一学校做校长。虽然临时换了学校，我仍然继续关注什么样的教师是好教师、如何选树榜样，以及如何评价和激励教师的问题。

二一学校是一所九年一贯制学校，与七一小学、八一学校、十一学校等学校一样，曾经是一所部队干部子弟学校，现在虽然已经移交给地方，但校址仍然在部队大院里面，教师中也有一定比例的军嫂，所以这所学校基础较好，教师们总体上业务能力不错，工作也兢兢业业。但是，受某些历史因素影响，学校干部中有一种苗头不容忽视：有些干部以自我为中心，不愿意欣赏别人，总用自己的优点比别人的缺点；责任担当意识不强，遇到问题不愿意从自己身上找原因，总爱挑别人的毛病，有时甚至抓住别人的缺点不放，这在一定程度上影响了教师团队的工作士气。

为了更好地引领与激励教师发展，我们在二一学校发起"为二一教师画个像"活动。我们先是组织教师问卷调查和个别访谈，让教师说说二一学校需要怎样的教师以及二一学校教师应该具备哪些特点。在调研中，教师们谈论最多的三个特点分别是：（1）关爱学生，教师要尊重、关心和爱护每一个学生，"要像对待自家孩子那样爱护学生"；（2）乐群合作，教师"要团结友善，乐于助人，有团队意识""少抱怨，少在背后议论人"；（3）爱岗敬业，教师"要热爱本职工作""心里要装着学生，一心为了学生成长，教书育人，乐于奉献"。在座谈中，多名教师也提到"四有"，有理想信念、有道德情操、有扎实学识、有仁爱之心，这"四有"也已成为教师们自我评估的标准和努力方向。

学校需要怎样的教师？对这个问题的回答，必须广泛听取学生和家长的意见。接下来，我们分别面向三年级以上学生和各年级家长发放问卷，让他们说说"我喜欢的教师应该是怎样的"。325名学生和373名家长在线填写了问卷，分别提供了805和849条意见。对这些意见进行编码分析，我们发现学生和家长心目中好教师的核心特点有以下10个，参见图8-1。在图中，我们将学生和家长在某一特点的提名次数转化成可比较的量尺，用每百人提名次数表示，其中深色条形图表示学生每百人提名次数，浅色条形图则表示家长每百人提名次数。

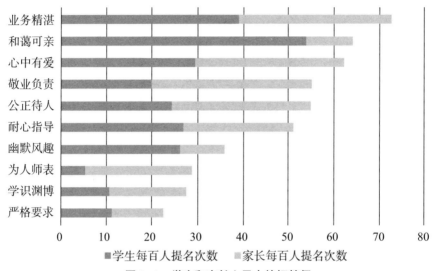

图8-1 学生和家长心目中的好教师

由图可见，"业务精湛"排在第一位，学生和家长都希望教师具有良好的专业能力，"授课形式多样化，积极引导学生""将复杂的知识讲得通俗易懂，循循善诱，让孩子喜欢上课"；排在第二位的是"和蔼可亲"，学生和家长希望教师"平易近人"，"能与孩子真心做朋友""让学生愿意与他沟通交流"；"心中有爱"排第三位，学生和家长希望教师热爱学生，"爱孩子，发自内心地为孩子着想""把学生当成自己的孩子"。进一步分析，可以发现学生群体和家长群体对教师的期待存在差异，学生群体提名次数最多的是"和蔼可亲"，而家长群体提名次数最多的是"敬业负责"，对教师的业务能力、师德表现以及学识都提出相对较高的要求。

我们将这些调研结果反馈给教师，撰写了《二一学校教师成长指南》(见附件)，为教师发展指明方向，每个教研组都组织教师认真学习，将其中的标准转化为生涯规划的依据及自我评价的标准，经常对照它开展自我反思，促进自我成长。

学校还在此基础上提出了新的教师激励计划。计划的核心是推行赏识管理。在学生教育中，我们都很重视对学生的赏识与激励，推行"成功教育""赏识教育""激励教育"，或"我能行教育"，就是让学生体验成功，提升自信心和学习动力。而在教师管理中，我们也要借鉴这一思想，克服以往眼睛总爱盯教师问题的思维惯性，用赏识的眼光看教师、看同事，发现教师的"闪光点"，分享教师发展中的经验，让大家在相互赏识中快乐工作，也在相互学习中共同成长。具体的做法主要有：适度扩大"标兵"评选范围，改进"标兵"评选办法与奖励方案；评选"最受学生喜爱的教师"，在劳动节期间集中表彰；在教师中推选每周一星，及时表彰教师，将教师表彰经常化和制度化；在教师绩效工资方案中体现工作量和绩效差异，建立优劳优酬的工资制度。

反思与展望

教师是学校发展的第一资源，教师激励是学校管理的大事。回顾从流村中学到二一学校我们对教师评价和激励问题的探索，我们有以下三点收获。

第一，选树榜样的目的不是鉴定、分级，而是激励和促进教师发展。如果教师评价将教师简单分成"三六九等"，然后"论功行赏"，可能会奖励少数人，打击一大片。树立榜样的目的是让大家知道学校鼓励教师做什么及怎么做，让更多的人学习他，效仿他，成为他，从而引领整个教师队伍的成长。这种成长体现在教师发展的方方面面，所以榜样的选树不能求全责备，只要教师具有学校所倡导的"闪光点"，就可以成为"一招鲜"。学校要激发每个人都想成为榜样的愿望，都乐于反思与改进，然后由一点到多点，由一人到全体，由局部到全校，大家共同进步。只要能够"点燃"一个人、一群人、一校人的评价，就是好的评价！

第二，教师评价要体现学校导向，体现学校办学理念。什么样的教师是好教师，是开展教师评价必须回答的基础性问题。回答这个问题，不能仅凭政策解释，更不能靠干部"拍脑袋"，要将评价标准与学校实际结合起来。我们是一所怎样的学校及要发展成怎样的学校，教师队伍建设存在哪些优势与面临怎样的挑战，不同利益相关者，尤其是学生和家长对教师发展有哪些期待，都会影响评价标准的设定。也正因此，教师评价具有一定的动态性，它应该随校情的变化而在必要时做出调整，而不是一成不变。

第三，教师需要赏识，就像孩子都喜欢"戴高帽子"一样。被赏识、接纳，是心理学家马斯洛提出的人类基本需要之一，教师作为知识分子，他们对这种精神上的追求要明显高于物质上的追求，教师更需要赏识。所以，学校在教师工作中要加强赏识，要拿着放大镜看教师的优点和成长。学校要给每一个有教育情怀的人一个自我实现的舞台，让每一位教师都精彩绽放，并串联出每一个团队的精彩。

带着这些收获与思考，我们将在二一学校系统、深入地推动教师评价与激励工作，期望这些探索能有效引领教师、激励教师和凝聚教师，为学校发展注入活力。

附件：二一学校教师成长指南

第一章 总则

第一条 为更好地引领教师成长，促进教师发展，二一学校在对学生、家长和教师等利益相关群体调研的基础上，经教师工会讨论，提出二一学校好教师应具备的关键特质，编制了《教师成长指南》。

第二条 本指南不仅阐释二一教师应具备的关键特质，而且对如何成为优秀教师提出指导性意见。教师可以将《指南》中的内容转化为生涯规划的依据及自我评价的标准，经常对照它开展自我反思。

第二章 二一教师应具备的关键特质

第三条 理想信念

胸怀祖国，坚持社会主义办学方向，自觉传承社会主义核心价值观，为培养德智体美劳全面发展的社会主义建设者和接班人而不懈努力。这是二一教师成长的基本准则。

第四条　仁爱之心

二一教师要有仁爱之心，要目中有人，心中有爱。这是二一教师的灵魂。二一教师相信爱的力量，他们热爱每一位学生，尊重每一位学生；他们用爱的行动感染学生和教育学生，爱满校园。

第五条　和蔼可亲

二一教师是待人和蔼、严慈相济、亦师亦友的教师。"我要做学生的朋友，我要学生做我的朋友。"（叶圣陶）二一教师不仅关心学生的身心健康，是学生的良师益友，而且善于与学生、同事、家长、社区保持温暖的沟通。

第六条　爱岗敬业

二一教师是爱岗敬业、高度负责的教师。二一教师对教育事业有着强烈的责任感，对学生有着深厚的感情。他们勤勤恳恳工作，不敷衍塞责、不消极怠工、不玩忽职守。在教育教学中，他们用自己的行动来证明"对每一个孩子负责"的决心。

第七条　为人师表

二一教师是情操高尚、作风正派的教师，是学生成长的表率。二一教师知荣明耻、以身作则、自律自强；二一教师衣着得体、语言规范、举止文明；二一教师坚持践行社会主义价值观，弘扬真善美，传播正能量。

第八条　扎实学识

二一教师是学识渊博、终身学习的教师。这是二一教师职业发展的不竭动力。二一教师具有宽阔的知识视野、纵深的知识结构、丰厚的知识积累；二一教师崇尚科学精神，勇于探索创新，坚持终身学习。

第九条　业务精湛

二一教师是业务精湛、教学突出的教师。这是二一教师的核心要求。二一教师遵循教育规律，实施素质教育；二一教师能够深入教学研讨，认真备课上课，认真批改作业，践行教书育人的基本职责。

第十条　耐心指导

二一教师是潜心育人、循循善诱的教师。二一教师对学生具有无限的耐心和包容心，他们认真对待、耐心分析学生的学业困惑、生活困惑或者成长困惑，有效地促进学生的成长。

第十一条　公正待人

二一教师是待人公正、处事公道的教师。二一教师平等公正地对待每一位学生，不以分数作为评价学生的唯一标准，不因学生的出身、长相、智力、性别等与生俱来的特点而歧视学生，用一颗公平公正的心来对待周围的每一位同行者。

第十二条　团结乐群

二一教师是团结同事、协作育人的教师。二一教师尊重同事的人格，鼓励不同思想的碰撞；不同学科教师跨学科协作，通过不同的组合，发挥各自学科优势，将教师团队的巨大合力作用于学生。

第三章　如何成为优秀教师

第十三条　职业规划

教师要对自己的职业生涯有清晰的规划。每位教师要深入分析自己在职业成长中的优势和不足是什么，以及面临的机遇和挑战在哪里，并在此基础上提出自己的长远规划及近期目标，用目标引领自己的成长。

第十四条　自我反思

"吾日三省吾身。"每位教师要对自己的成长进行正式或非正式的反思，及时总结可以发扬和分享的经验，并在实践中改进已经发现的问题。每天有反思，日日都成长。

第十五条　同伴互助

"三个臭皮匠，赛过一个诸葛亮。"教师要主动与同事进行沟通、交流与合作。学校也会鼓励师徒结对子以及教研组研讨，让教师在交流中开阔思路，在互助中共同成长。

第十六条　基于问题的研讨

问题是生长点。我们在工作中不"讳疾忌医",不回避问题,而是认真分析和解决问题。教师经常基于问题开展研讨,建立客观分析问题与快速响应问题的工作机制,提高问题解决效率。

第十七条　教学创新

创新驱动发展,有改变,才能有提升。学校要鼓励教师进行教学创新。对教师而言,创新是相对的,相对于既有的教学样态,教师在实践中采用了以前本校没有的办法、技能或流程,就是一种有效的创新。

第十八条　欣赏探究

每个人的成长都是一个故事,都有一些可以推而广之的经验。学校鼓励干部和教师用欣赏的眼光看同事,发现、分享、学习同事的"闪光点",让大家在相互欣赏中探究工作,也在相互学习中共同成长。

第十九条　教师培训

学校要为教师提供专业化的教学培训。一方面,"请进来",邀请大学专家、实践名师、区域教研员等专家名师走进学校,对本校教师进行培训;另一方面,学校也要充分发挥本校优秀教师的潜力,创新已有的老带新形式,激发老教师的热情,鼓励新教师的思考。

第二十条　校本研究

二一教师不仅是教学业务精湛的教师,也是科研能力强的教师。学校要借助各种资源为教师提供科研指导,不断提升教师的科研能力。

第二十一条　教师激励

教师和孩子一样需要赏识,需要学校的鼓励。学校将通过各种正式和非正式的方式激励教师,建立能体现绩效贡献,但又不让教师斤斤计较的绩效工资制度,让大家都充满活力地工作。

第二十二条　成长共同体

每一位教师要找到自己在群体中的位置,为群体的共同成长贡献智慧。所有教师在一起则构成一个大的成长共同体。成长的氛围滋润每位教师的心智，成长的快乐鼓舞每一位教师的进步。

第四章　附则

第二十三条　本指南是学校教师队伍建设的指导性意见，学校优秀教师评选和表彰、绩效工资方案制订、教学改革、教研活动等相关活动都要依据本指南，体现本指南的精神。指南自2020年5月11日颁布起生效。

（完稿时间：2020年6月10日）

点评

"什么样的教师是一名好教师"，这是一个老生常谈的话题。在百度学术网站中输入"什么样的教师是一名好教师"，搜索出25.3万个相关网页；在谷歌学术网站中输入"what makes a good teacher"，搜索出来的相关网页更多，有462万个之多，由此足见这个话题的影响力。

在我国，有关好教师的政策或指导意见也比较多。2008年，教育部和中国教科文卫体工会全国委员会联合发布"关于重新修订和印发《中小学教师职业道德规范》的通知"（教师[2008]2号），指出教师是人类灵魂的工程师，是青少年学生成长的引路人，教师要自觉规范思想行为和职业行为，做人民满意的好教师。具体师德规范包括爱国守法、爱岗敬业、关爱学生、教书育人、为人师表、终身学习等六个方面。2012年，教育部颁布"关于印发《幼儿园教师专业标准（试行）》、《小学教师专业标准（试行）》和《中学教师专业标准（试行）》的通知"（教师[2012]1号），以师德为先、学生为本、能力为重和终身学习为基本理念，提出了中小学（幼儿园）教师的专业标准，从师德表现、专业知识、专业能力等方面提出具体要求，为教师聘任、考核、培训等人事制度提供依据。

但值得注意的是，无论是已有研究文献，还是有关政策文本，它们都只能为好教师提供一个基本分析框架和制度设计依据，具体到一所特定的学校，会在教师队伍建设实践中碰到很多具体的问题。具体问题要具体分析，才能找到合适的解决办法。张庆民校长在流村中学与二一学校任职期间，就在不断地具体分析问题和解决问题。

网红教师李老师希望获得学校的认可，从本质上反映出成年人也像孩子一样，渴望获得他人的赏识、尊重与认可。人本主义心理学家马斯洛（Abraham H. Maslow）提出的需要层次理论大家都很熟悉。马斯洛指出，尊重是人类五种基本需求之一，每个人都希望自己有稳定的社会地位，个人的优点、能力或成就能得到他人的承认，受到他人的尊重、信任和高度评价。马斯洛还指出，随着人们生活越来越富裕，金钱和物质的重要性会持续下降，即便金钱看起来仍然很重要，但它代表的其实已不再是它的原义和具体的性质，而是成功、地位和自尊，成为受人爱戴、赏识和尊敬的象征。[5] 换而言之，在生活富裕和教育良好的情境下，人们会更重视尊重需要的满足。尊重需要得到满足，可以使人对自己充满信心，对社会满怀热情，体验到自身的用处和价值。特别是对于教师这种知识型员工来说，更希望被人尊重和认可。

一个有趣的现象是，当我们去学校调研或督导时，经常有教师抱怨，说校长经常要求教师赏识学生，甚至要求教师"拿着放大镜找学生的优点"，但校长却很少赏识教师的努力、进步和成就，反而经常在教师会议上批评某些教师。这种现象值得管理者反思。马斯洛不仅提出了需要层次理论，还在管理上积极推动开明管理（Eupsychian Management，又译作优心管理），主张相信每个人都希望被尊重，都有改善现状和自我实现的倾向，都值得信任，都可以在得到激励的情况下释放潜能。[6] 因此，中小学管理者要强化人本意识，尊重、激励与解放每一位教师，为教师成就自我和推动学校发展搭设平台。

张校长由网红教师李老师的个案引发思考，先是对流村中学的评优评先制度进行优化，后来又在二一学校基于调研提出《教师成长指南》，为学校评价教师工作和教师开展自我评价提供依据。值得一提的是，二一学校提出了新的教师激励计划，在学校推行赏识管理，用欣赏的眼光看教师，及时发现并放大教师的"闪光点",并改进了原有的标兵评选办法,评选"最受学生喜爱的教师"和"每周一星",将教师表彰经常化与制度化。我们期望,在新制度新举措的推动下,二一学校教师们的积极性与主动性将得到进一步的激发。

当然,要在更深层次上激发教师活力,除了完善相关制度,二一学校还需要在管理文化上下功夫,将以人为本与尊重教师作为教师管理的核心理念,并将其体现在各种制度、活动和实践环节中。学校可加强非正式激励,采用一些简便易行的方式方法表达对教师的认可及教师之间的相互欣赏。借鉴企业与学校系统中的一些成功经验,校长可以选用的教师认可方式举例如下。

● 邀请在市区受到表彰的教师到办公室,感谢他们为学校争光,给以集中的认可。

● 买一种可以长期保存的奖品,把它授予在某方面表现突出的教师,在奖品上留下每一个获奖者的名字,放在学校显著位置。

● 通过电子邮件、短信或微信,告诉教师"感谢你把工作做得这么好",让教师知道他的努力被大家看在眼里,记在心里。

● 在阶段性总结结束时写一个便条来认可教师的努力、进步与贡献。

● 为一个得到奖励的人或表现突出的人拍照,并送给教师或放在某个显著的位置,让教师享受高光时刻。

● 在领导面前,表扬你的同事或团队。

● 邀请你的团队成员在周末到家里,或者买点小食品到办公室,庆祝一项重要工作的完成。

● 安排一个教师去指导另外一个或多个教师,表示你对他专业能力的认可。

● 听见关于某个教师的正面评价,尽快告诉他。

尊重教师,赏识教师,成就教师,让每个教师都有成功的体验,都充满自信,相互欣赏、彼此成就的文化就形成了,学校开始进入积极发展的循环模式。我们期待,在《教师成长指南》框架的引领下,二一学校能在教师评价与激励领域开展更为深入的探索，创生更多的最佳实践与标杆经验。

参考文献

[1] 玉明标. 选树先进典型在企业文化建设中的作用研究 [J]. 企业科技与发展，2018，（7）：197-198，201.

[2] 张辉. 打破培树典型的"传统思维" [J]. 人民论坛，2011，（7）：61.

[3] 王彦平. 企业先进典型选树及作用发挥研究 [J]. 企业改革与管理，2015，（17）：168.

[4] 金恩华. "月度人物"让表彰变得及时生动 [J]. 中小学管理，2009，（01）：43-44.

[5] [6] 马斯洛. 马斯洛论管理 [M]. 邵冲，苏曼，译. 北京：机械工业出版社，2018：79；23-24.

第 9 章　以学评教，教学相长

听评课是促进教师专业成长的重要途径。几乎所有的中小学都重视听评课及相关教研活动，但在有些学校听评课活动低效也是一个不争的事实。为什么听评课没有发挥预期的作用？如何改进听评课，使之真正促进教师的反思与成长？这一系列问题成为很多中小学在学校改进中关注的重点。北京市昌平区崔村中学提出"以学评教"，以"学生学得怎么样"评价"教师教得好不好"，引导教师以生为本，围绕学生学习设计与实施教学，在评课中也聚焦学生学习展开讨论。为深入推动"以学评教"，促进"教学相长"，他们还统一听评课标准和课堂观察表，有力促进了教师教学行为的转变。

学校基本情况

崔村中学成立于1958年，校址在北京市昌平区崔村镇西崔村东北角。1973年，崔村中学分为崔村中学和大辛峰中学。1984年8月，大辛峰中学撤销，并入崔村中学，崔村中学变成一所公办乡管全日制普通初中三年制学校。学校现有学生220人，教职工48人，其中一线任课教师40人。任课教师平均年龄43.5岁，30岁以下3人，31~35岁3人，36~40岁5人，41~45岁11人，46~50岁12人，51岁以上6人；35岁以下年轻教师占15%，年轻教师少。任课教师原始学历偏低，原始学历为本科以上占22.5%；骨干教师7人，区学科带头人1人。学校秉承"创造适合学生成长的教育"的办学理念，以"使每个学生获得可持续发展"为办学目标，培养"厚德、智慧、健康、尚美、勤劳"的社会主义建设者和接班人。近年来，学校通过大力推进读书工程，积极开展长走等综合实践活动，促使学生养成积极向上的精神风貌。学校教育教学质量也逐年提高，2016、2017、2018年，连续三年被评为昌平区质量监控优秀学校，获得昌平区课程建设先进单位等多项荣誉称号。

校长简介

徐雪莲（1975-），女，本科学历，高级教师，现任北京市昌平区崔村中学校长。她主张"最适合的教育才是最好的教育"。在她看来，每一个孩子都不一样，学校一定要正视个体差异，精准分析学情，提供差异化教学和个别化指导，创造适合学生成长的教育。她爱读书，爱思考，多篇论文在《中小学管理》等中文核心期刊上发表。

案例分享

以学评教的提出

2014年，我刚到崔村中学做校长的时候，发现学校教学管理十分松散，教师连最基本的课堂常规都做不到，存在很多亟待关注的问题，比如，上课迟到，上课中途离开教室。经校领导班子讨论，我们首先将规范课堂常规作为提高课堂效率的工作重点。经过近一个学年的努力，教师的课堂常规已经比较规范，我们就将促进教师专业能力提升作为学校改进的重点工作。同伴互助是促进教师专业发展很重要的一条途径，于是2016年我们制定听评课制度，要求每名教师每学期听评若干节公开课或推门课。但在推动听评课的过程中，不少教师只是将听评课当作一项任务去完成，听课记录是交了，而实际的收获与成长似乎没有达到预期水平。

为探寻原因，我和教务处干部有意识地多参加公开课研讨，观察教师们怎么听评课。观察发现，在语数英等教师人数较多的科组，教师们在研讨阶段基本上遵循上课教师自评、同事自由研讨和教研组长总结等常规程序，发言比较积极，但亟待关注的问题也不少。主要如下：

- 有的教师听课不认真，听课的同时在批作业或做与听课无关的事情。
- 教师听课笔记比较简单，主要记录的是教师教学流程、活动及师生问答。
- 评议阶段无论是上课教师的自评，还是同事的他评，都以褒奖为主，问题说得很少，且比较含糊。
- 教师们的评议意见主要涉及教师的教，比如教材分析、材料准备、教学设计、活动多样化、教师语言等，对学生的学关注不够。
- 教师们想到哪说到哪，观点不聚焦，更缺乏不同意见之间的碰撞，通常是你说我说，各说各话。

有一次语文公开课的研讨快结束时，一名骨干教师发出这样的感慨，"我们的课上得很好啦，都是按照新课程理念设计的，学生在公开课上也很配合，表现还不错，但平时学生就是不好好学，一考试就不会"。如果一名普通教师这么说，我们可以将其归为个别现象或个别教师的独特思考，但骨干教师也这么说，引发了我们对公开课更为深入的讨论。

到底是学生不好好学习，还是教师的教出了问题？2017年下半年，我们多次召集所有骨干教师举行专题研讨。我们用鱼骨图法分析影响学生学习的因素，发现学生学习成绩不理想除了受学生自身因素的影响，来自教师、家庭、村镇社区，乃至社会等各方面的因素都不同程度地发挥了作用。进一步分析各种因素的作用机制，最后大家达成的基本共识是：本校学生来源于崔村镇的12个行政村，绝大多数学生家庭经济状况一般，家长文化程度较低，他们关心子女发展，但能为学生发展提供的支持相对较少；学生学习基础比较薄弱，但他们既朴实，又有向上的心，期望通过学习改变自己的命运。导致教学质量不佳最重要的原因是教师的教学没能针对学生的基础、兴趣和经验，因材施教程度不够。

教师教得好不好，归根结底取决于学生学得怎么样。教师教学设计再严谨，活动再丰富，课堂再活跃，但真正意义上的学习没有发生，学生没有实际获得感，我们也只能说这堂课表演得好，不能说这是一堂好课。改变原来听评课过分关注教师教的做法，用学生的过程参与和实际获得感来评价教师的教学，我们的教学才可能有所改进。

尽管这种以学评教的思想不是什么新生事物，它早已伴随新课程的推动在教师中广泛传播，但当我们在专题研讨中将这一点作为共识记录下来的时候，大家还是十分激动。毕竟，"以学评教"第一次在我们的头脑中激起了波浪，崔村中学听评课改革呼之欲出。

基于课堂观察的听评课

崔村中学听评课制度改革的帷幕，于2018年春季学期开启。教师听课次数及承办公开课的安排没有改变，但从以学评教的原则出发，学校明确要求各学科在听评课中必须加强课堂观察，设置具体的观察点，做好观察记录，而且将观察的重点放在学生身上。

全体任课教师分语文、数学、英语、史地政、理化生、体音美劳信6个教研组，基于课堂观察开展听评课活动。各教研组在组内讨论的基础上，纷纷研制了课堂观察表。举例如下。

● 语文组：除关注教师重难点突破方式、时间分配外，还要求听课教师关注学生的参与度与学习效果。

● 数学组：听课教师从教学准备、教学内容、教学活动、教学评价等几个方面进行观察，对学生的观察主要体现在学生当堂练习（正确率、出错点、原因）及课堂参与情况。

● 英语组：每个教师负责观察4名学生，观察内容包括学生回答问题次数、回答音量及质量、学生掌握基础知识的程度、学生按指令参与活动的情况、学生自主探究学习的情况、小组学习表现等。

为切实做好学生观察，使听评课真正基于学生表现，各教研组都在课前准备好学生座位表和观察记录表，而且将听课教师分成几组，在课堂观察中有不同的侧重点。

经过一年多的实践，教师们的生本意识明显增强。在备课过程中，教师有意识地开展学情分析，了解学生已经知道什么和不知道什么，了解学生的兴趣和经验，努力使自己的教学活动符合学生实际；在评课阶段，教师们的研讨聚焦在学生学习上，学生的学习状态怎么样、学生究竟学会没有、为什么没有学会、基于学生学习表现教师应该做出哪些改进等，成为教师们研讨的重要话题。但同时我们也发现，听评课实践中仍然存在一些亟待关注的问题，主要有：

● 课前教研组为每位听课教师提供了学生座位表，以及学生最近考试成绩等有关信息，希望听课教师能深入观察和分析学生学习，但听课教师多坐在教室后边，对学生的观察很难深入。

● 有些教师想在听课时近距离观察学生，但担心给学生带来压力，影响学生的学习效果。

● 教师在听课时要边观察学生，边做记录，有时候跟不上教师讲课的节奏，会漏掉一些重要的教学细节。

● 观察和记录比较容易，但评课中教师们对于数据的解释有时存在争议。比如，一节课学生发言次数少是不是就表示学生参与不积极，怎样判断一堂课激发了学生的深度学习？

● 基于观察数据的讨论难以达成共识。教师观察了学生的表现，比如回答问题的次数，但到评课阶段每个人会有不同的评价。

● 指标不统一难以观察，但按统一指标操作了仍然难以达成共识。比如，教师提问次数和学生回答次数多了就好吗？多少次算好？

● 史地政、理化生、体音美劳信等综合教研组的教师人数少，且来自多个学科，在听评课过程中，教师跨学科讨论交流比较困难。

名校长们的针对性建议

课堂观察法最早作为一种教育研究方法，主要是教育研究者在使用，后来才逐渐被一些学校引入到听评课实践，成为促进教师专业成长的一种方式。[1-2]随着录音机、录像机、计算机等多媒体技术的发展，课堂观察的手段和分析方法不断丰富，其可操作化水平也不断提高。课堂观察法加强了对学生学习的分析，但正如我校的探索，这种基于行为表现对内在学习心理过程的分析也是有局限性的。

如何克服课堂观察的局限性，进一步优化听评课制度，使其能更好地促进教师成长与教学改进，成为摆在崔村中学面前的重要问题。

2019年1月，我校主动邀请"创新昌平·卓越校长领导力诊断与提升"项目组的20位名校长来我校，在听取我校汇报后对此展开深入研讨。名校长们善于带动和引领教师不断反思与改进教学，所以他们每个人对听评课制度改进都有深入的理解，为我校提出了具有针对性的建议。被多位名校长提及的重要建议有如下几个。

（一）统一听评课标准和观察记录表

崔村中学规模小，同科同头的教师少，即便是语数外学科，一个教研组也只有6~7名教师，教授同一年级同一学科课程的教师只有两个人，更不要说理化生、史地政、音体美等学科。在这样的情况下，要加强教师之间的交流，要将学校建成学习共同体，需要加强跨学科的教师研讨。有校长建议，学校应基于学校的顶层文化设计，从培养什么样的人及核心素养框架出发，提出学校要倡导什么样的教学，从而提出相对统一的听评课标准，让所有教师都带着同样的标准去发现和研讨教学中的问题。关于学生学习的课堂观察表，有校长也建议统一设计，"一张大表走天下"，教师们都去聚焦需要共同关注的问题，都在总结经验，都在发现和解决问题，教学就可以不断改进。当然，学科差异也要给以适当照顾，留出一定的空间。

（二）听评课要注重课堂观察，但不能局限于课堂观察

有多位校长指出，崔村中学在课堂观察中的探索体现了以生为本、以学评教的思想，但在听评课中片面强调课堂观察也是有问题的。原因之一，观察方法本身是有局限性的。学生举手次数多，并不一定说明他课堂参与就多、就深；学生低头没有看教师，也不能说明学生就没有思考和参与。原因之二是，了解学生学习的渠道需要多样化，比如在课前跟学生简单聊几句，

可以了解学生已经知道什么或者当时困惑的问题，就可以更好地判断教师教学是否做到了以学定教和因材施教。教师在课后也可以跟学生聊聊，或者正式地研讨，这样收集到的信息可以帮我们更好地分析学生的学习，更好地反思与改进教学。

（三）加强教师培训，提高教师理论素养

指导教师加强课堂观察，学校要求观察什么，教师就去关注什么。这样可能造成教师只关注学生的表面行为，比如学生举手、回答问题、参与讨论，而对行为背后的深意却很少分析。当下，我们希望学生要深度学习，那么教师在听评课这种专业发展活动中也要"深度学习"，不是简单比较谁的课上举手的学生多，或者谁的课上发言分布更均衡，而是分析学生的学习发生没有，以及如何促进学生的深度学习。因此，教师需要提升理论思考，加强听评课研讨的深度。有校长提出，理论并非遥不可及，比如教师要用"三把尺子"来分析课堂观察所见，一是教师教学是为了目标达成还是方式变革，二是教师教学是为了学生还是为了学校，三是教师教学是为了学习还是学科。

这场研讨汇集了昌平区卓越校长项目名校长们的教育智慧和治校经验，整个研讨持续整整一个下午，我校参与的干部和教师都感觉如"醍醐灌顶"。这是一次思想的风暴，一次观念的洗礼，听评课制度优化设计的蓝图初步形成。

听评课实践的改进

为了更好地促进教师成长及学校教育质量提升，2019年春季学期开始，参考名校长的建议，崔村中学启动了新一轮听评课制度改革。改革举措主要体现在三个方面。

（一）抓培训，促理论素养提升

教师的理论高度，在很大程度上决定了学生学习的深度。多年来，崔村

中学不能说不重视教师培训，教师们参加校内外培训的量一点也不少，但针对学生学习与教师发展需求的有效培训，确实不是很多。当下教师们最需要的是了解学生的学习心理，特别是关于深度学习的，以及基于学习心理进行教学设计的知识。

针对这个方向，学校做了三类工作。一是组织教师自主读书和分享研讨，阅读的内容包括《深度学习之"深"》《未来教师的三种能力：读懂学生、重组课程、联结世界》等文章，《魅力课堂——高效与有趣的教学》《论教学过程最优化》等书籍；二是开展专题培训，邀请北京师范大学、北京教科院等单位的专家来校做讲座，让教师系统地学习教育心理学和儿童心理学理论知识；三是名师进课堂，邀请来自区内外的名师到我校，用我校的学生上示范课，让教师感受名家风范，从名师课堂借鉴有用的技术与方法，改进自己的教学。有了这些理论培训，教师们在听评课研讨中经常"引经据典"，理论不再只是写在书本上，已开始走进教师们的研讨中。

（二）定观察表，凝练文化内涵

经过6个教研组的多轮研讨，我校设计了一张统一使用的课堂观察表。观察内容有三个方面，分别是学生听讲、随堂练习与合作学习。"学生听讲"关注的是学生听讲的兴趣、纪律、参与率、专注度、思维深度等，分析学生的兴趣是否得到充分的激发以及是否深度参与到学习活动中；"随堂练习"要求教师随机观察——只是观察，不能给学生提供指导——学生完成随堂练习的情况，分析学生是否能完成练习任务或在任务完成中遇到了哪些障碍，从而考察教师教学的得失；"合作学习"则注重观察学生在小组学习中是否进行了真正意义上的沟通互动，通过小组学习，学生是否达成相互启发的效果，还是仅仅在走形式。随着课堂观察及听评课研讨活动的深入，教师们以生为本的理念进一步提升，他们更加尊重学生差异，接纳每一个学生，努力让每个学生焕发活力。于是，在崔村中学，"和谐共生、尊重差异、活力高效"的课堂文化凝练在文本中，也越来越多地体现教师的行动中。

（三）改流程，提高研讨效率

借鉴课例研究的思路，崔村中学将课堂观察整合进听评课研讨活动中。课堂观察之前和之后做什么，在研讨流程中都做了清晰的设计。在进入教室开展课堂观察之前，教师们要集体备课。在集体备课阶段，教师们要在分析教材的同时分析学情，了解学生的基础、兴趣和经验，在这个基础上确定合适的目标和教学设计。另外，为使课后研讨能聚焦，备课阶段教师们还需要根据教学实践中的突出问题及教师们的共同关注点，在课堂观察表中进一步明确观察重点，有时候重点观察三方面中的一个方面，有时候则观察另一方面或另两个方面。在课堂观察之后，教师们围绕课前确立的观察重点，对收集到的观察信息进行定量或定性分析，对某些教学细节展开对话、讨论，提出具体的教学改进建议和对策。完整的流程，规范了听评课研讨活动，也提高了研讨的效率。

整个2019年，全校所有任课教师都至少开设了一节校内公开课，贯彻以学评教理念、基于课堂观察的听评课研讨活动总计开展了50余次。在这种长期的打磨、熏染和锻造中，教师们的理论素养有了明显的提升，教学行为在慢慢变化，学生的成绩进步非常明显，学校连续三年被评为昌平区质量监控优秀学校。

教学相长

由以学评教到课堂观察，崔村中学始终秉持"创造适合学生成长的教育"的核心理念。学校存在的目的就是教书育人，教师的教学就是要服务于学生的学习。一切不以学生学习与发展为目的的活动，可能都是"花架子"。

在崔村中学，教师们在听评课研讨，乃至日常交流中提及最多的是学生。学生喜欢什么，学生想学习什么和怎么学习，学生学会了没有，学生怎样看待教师的教学，教学活动对学生长远发展的影响会怎样，类似这样的问题经常被讨论。我们经常提醒老师这样思考问题：假如我是学生……

但"假如"还不足够，因为，在多次听评课研讨中有教师用"如果我是学生"句式发表自己的观点，但很多教师却感觉他其实还没有真正处在学生的位置，没有体验到学生的感受与需求。这种情况发生得多了，便又催生了我们的一个新想法：加强跨学科听课，就是进一步打破学科界限，让6个教研组的教师跨教研组听课，语文教师可以听化学课，化学教师可以听音乐课。在这样大跨度的学科听课中，教师带着学习的意识去听课，就更有可能"坐"在学生的位置体验学习，发现学习中的需求和增长点，在交流中也更有发言权。

换而言之，在未来，崔村中学的听评课研讨活动将从以学评教转向教学相长。因为，我们有理由相信，将学习者的感受带进听评课研讨，可以促进教师更好地反思教学，促进教学的改进。又一轮的改革探索即将开始。

（成稿时间：2020 年 3 月）

点评

教学是学校工作的中心，也是学校改进的重点。加强教学评价，改善听评课制度，提升教研活动的实效性，是提高教学领导力、改进教学质量的常见方式。

在教学改革方面，最具影响力的学校当属洋思中学、杜郎口中学和东庐中学。[3-5] 三所学校原本都是办学条件、师资队伍和生源比较薄弱的学校，但都通过在校内统一推动新的教学模式，提升了教学质量，师生面貌焕然一新，在全国产生广泛而深刻的影响。1986 年，洋思中学提出"没有教不好的学生"理念，推动"先学后教""当堂训练"教学模式；1998 年，杜郎口中学秉持"少教多学"理念，构建了以学生为主体、以学习为主线、以展示为特征的教学模式；1999 年，东庐中学尝试从集体备课入手，以"讲学稿"为载体进行课堂教学模式改革。对三所学校教学改革进行总结，发现其共同特点是：让学生成为学习的主人；先学后教；目标多维，不局限于掌握知识与技能；注重小组合作学习，让课堂充满活力。[6]

回到崔村中学，他们所推动的听评课改革与三所改革名校有很多相似之处，也有异曲同工之妙。崔村中学听取名校长们的建议，在全校统一了听评课标准和观察记录表。洋思中学、杜郎口中学与东庐中学在学校内部统一推动教学模式的做法，以及其他学校学习三校经验推动教学模式改革的时候，都有不少人质疑，认为统一教学模式或照搬他人模式不好，理由是"教学有法，教无定法"，学生、教师以及教学内容千差万别，教学模式只能作为一种指导性框架。这种说法不无道理，但如果过分强调差异性而忽视了教学的共性，也就否定了教师相互学习的可能。对待教学模式，比较合适的态度应该是既不完全否定模式的积极意义，又不僵化使用模式。在教学常规都难以做到、教学效率较低的学校，统一思想，建构统一的教学评价标准并引导教师刚性"入模"是必要的。特别是像崔村中学这样的小规模学校，同科同头的教师少，依据新课程核心理念，基于教学实践中的共性问题，建构一个适用于多数学科的教学评价框架，让教师们在听评课中就共同关心的问题展开对话与交流，可以有效促进教师的反思与成长，是十分可取的做法。

在改革理念上，崔村中学也与洋思中学、杜郎口中学、东庐中学有很多相似之处。我们可以将崔村中学的改革理念概括为以下三点：其一是以生为本，以学评教。教学的根本目的是促进学生的学习，因而教师的教必须基于、围绕着、服务于学生的学。学生学得怎么样，是评判教师教得好不好的重要依据。其二是主体参与，深度学习。学生认真听讲且举手发言次数多，未必是一堂好课。只有学生作为学习主体的主动性被充分调动起来，积极参与到有意义的学习活动中，体现出一定的思维深度与情感卷入，才算是一堂好课。其三是合作沟通，有活力又高效。学习不仅是为了掌握知识，而且要培养学生沟通合作的社会性技能、批判性思考的高阶思维、泛在学习的能力等多种核心素养，所以崔村中学强调小组合作，希望课堂高效又充满活力。这些理念充分体现了新课程改革的意图，而且与当前热议的核心素养培育理念不谋而合。作为一所农村学校，受制于多种主客观因素，崔村中学的教师们在教学实践中并不能充分贯彻落实这些教改理念，但只要方向正确，他们的改革将逐步深入，并使学生真正获得成长。

经过几年的努力，崔村中学的师生面貌发生了很大的变化，学生学习成绩也有明显提升，从 2016 年开始连续多年被评为所在区质量监控优秀学校。当然，学无止境，崔村中学的教学改进还将继续，为"创造适合学生成长的教育"而不懈努力。

应该说，教学改进是一项系统工程，崔村中学需要在教学管理、教师专业发展、教师激励、学校文化等诸方面发力，为进一步推动教学改进创造条件。同时，崔村中学还可以在未来引进与加强课例研究，为教学改革提供技术支持。

课例研究，顾名思义，就是以一堂或多堂课为例，针对某个教学问题开展行动研究，以寻找有效解决问题方法的活动。[7] 它是一种舶来品[8]，起源于日本，后来由芝加哥大学斯迪格勒（James W. Stigler）和杰巴特（James H. Jebart）于 20 世纪末引介到美国[9]，并迅速在美国各州及新加坡、伊朗、澳大利亚、香港等多个国家和地区获得大力推广。

与我国传统意义上的教研活动相比，课例研究最大的不同体现在其研究性上。传统的教研活动多以听评课形式进行，也就是一人上课，然后多人评课。在这种听评课活动中，经常出现以下几种问题：评课者缺乏批判性思考，发言时优点说得多，可问题通常只是轻描淡写，或大而化之地笼统描述；发言不聚集，评课者通常是想到哪儿说到哪儿，没有聚焦在一个大家共同关心的问题上展开深度研讨，也就难以找到未来解决问题和改进教学的具体策略；教研分离，只评不研，评价就是说这堂课好不好，优点和不足分别是什么，而研究不同，有了研究，参与者要在课前明确研究问题，带着各自的假设去备课、上课、听课及评课，通过对假设的验证及深度分析找到问题解决的办法，形成可以在一定范围和情境下推而广之的具体经验。

要深入推动教学改进，崔村中学可借鉴课例研究的思路改造听评课活动，具体的做法建议如下。

● 强化问题意识。在每次课例研究开始时，教师们要经过深入研讨明确本轮课例研究要研究的问题，是带疑问的问题，比如，"怎样将一元一次方程与生活联系起来？""学生在课上不倾听的典型表现有哪些，如何减少不倾听行为？"。没有问题的课例研究就不是研究，算不上教研活动。

- 聚焦大家共同关心的少数问题。教师们心中的疑问有很多，但一次课例研究不能解决所有的问题。组织者要在广泛听取教师意见的基础上，引导参与者聚焦到影响学生终身发展的少数重要问题上。这种问题通常与学生发展核心素养有关，是跨学科的，适合不同学科教师共同参与。

- 加强集体备课。备课的过程实际上是提出研究假设的过程，类似于要解决某个问题，如果怎样，就可以引发什么样的变化。每名教师都提出自己的研究假设，对在某个班级上课提出构想与建议，然后大家经过深入讨论达成较为一致的意见，形成教案。教案中每一个活动和做法，都是针对问题分析与解决，基于研究假设提出的。

- 听课时重点关注问题的解决。听课时可以观察师生的很多行为，但重点必须是问题分析与解决，即本轮课例研究要研究的问题在课上得到解决了吗，哪些解决了，还有哪些解决得不好，为什么有些问题没有解决好，等等。

- 评课围绕问题解决而展开。评课时教师不能想到哪儿就说哪儿，发言必须聚焦到问题的分析与解决。某个问题解决得不好，证据是什么，原因在哪里，以后怎么做可以使问题解决得相对好一些，教师应主要讨论这样的问题。当时间有富余时，才可以离开既定的研究问题讨论其他。

- 注重课例总结。每一次课例研究都要有小结，重点说明既定问题在这堂课上解决了没有，解决的程度怎么样，有哪些可以推而广之的经验，又有哪些亟待进一步解决的问题，以及对下一轮课例研究有什么建议。

不难发现，课例研究围绕问题而展开，问题贯穿课例研究的始终。如果崔村中学在未来的听评课和教学改革实践中加强课例研究，每一次课例研究都能有效解决一个具体问题，经年累月教师就会有显著的成长，教学质量自然也会有更大幅度的提升。期待崔村中学在未来有更多的探索，为我们贡献出更多的典型经验。

参考文献

[1] 陈瑶. 课堂观察方法之研究 [D]. 上海：华东师范大学硕士论文，2000.

[2] 黄江燕，李家鹏，乔刘伟. 课堂观察研究的文献综述 [J]. 长江师范学院学报，2012，28（12）：130-134.

[3] [6] 洪明，余文森. "先学后教"教学模式的理念与实施条件——基于杜郎口中学、洋思中学和东庐中学教学改革的思考 [J]. 中国教育学刊，2011，(03)：47-50.

[4] 时晓玲，于维涛. 中小学课堂教学模式改革的省思与多元创新——基于洋思、杜郎口、东庐等校课堂教学实践的思考 [J]. 教育研究，2013，(5)：129-133.

[5] 郝琦蕾. "学案导学"模式的理论与实践研究 [J]. 当代教育与文化，2014，(11)：55-61.

[7] 赵德成. 教师成为研究者：基于课例研究的分析 [J]. 教师教育研究，2014，(1)：75-80.

[8] 胡庆芳. 课例研究的作用、特征和必要条件：来自日本和美国的启示 [J]. 外国教育研究，2006，33（4）：29-33.

[9] Stigler, J. W., Jebart, J. H. The teaching gap: Best ideas from the world's teachers for improving education in the classroom[M]. New York: The Free Press, 1999.

第 10 章　四季公园课程的开发

进入 21 世纪以来，在三级课程管理框架下，很多中小学都重视校本课程开发，以提高课程对学校与学生的适应性，促进学生的个性成长。北京市昌平区巩华中心小学四季公园课程的开发，提供了一个开发校本课程的实践样本。他们从一次冬季越野赛中找到课程开发的契机，依据泰勒课程原理探索建构了冬季主题越野课程，并在此基础上进一步开发了春夏秋冬四季公园课程。2020 年新冠疫情爆发，"停课不停学"期间，学校教师不仅设计课程方案，还为四季公园课程从文本到实践做了充分准备：开展教师培训，提高教师课程开发能力；完善课程实施计划，开发课程资源；在小范围内开展探索性尝试，提高课程实施能力。

学校基本情况

巩华中心小学前身是南会学校，始建于 1930 年。之后经历过多次并转或更名，直至 1991 年 1 月，更名为现名。现在学校下辖 1 所中心校、1 所完小（巩华第二小学）和沙河少年之家三个基层单位。学校总占地面积 16981 平方米、建筑面积 7570 平方米。学校现有教学班 26 个，在校生 521 人，其中非京籍学生 308 人，占学生总数的 59.1%。现有在编教职工 102 人，一线教师 97 人。在一线教师中，高级教师 15 人，一级教师 45 人，二级教师 31 人，未定级 6 人；研究生 4 人，本科 87 人，专科 6 人；平均年龄 41 岁，30 岁及以下 26 人，31~40 岁教师 23 人，41~50 岁教师 36 人，51~60 岁教师 17

人。学校以"为每个孩子的未来发展打好基础"为办学理念,以"巩华教育,助力一生"为办学宗旨,以"培养有中国灵魂、世界眼光、巩华特质的好少年"为办学目标,挖掘内外资源,构建"一擎两翼+助力"课程体系,取得了较好的办学成效。近三年来,学校连续被昌平区教委评为"昌平区教育教学质量先进单位",获得北京市科技示范校、北京市冰雪特色学校、北京市学生艺术节舞蹈比赛金奖等荣誉。

校长简介

王洪燕(1971-),女,本科学历,高级教师,现任北京市昌平区巩华中心小学校长。任职校长以来,她坚持"思想领航,使命驱动,务实创新做校长",带领干部教师全面实施素质教育,坚持五育并举,用独特的校园文化引领学校持续发展,取得明显成效。她最喜欢的一句话是:没有最好,只有更好。她一直在奋斗。

案例分享

跨出校园第一步

自2007年教育部、国家体育总局、共青团中央共同组织开展全国亿万学生阳光体育冬季长跑活动以来,各地中小学采取各种措施,有效调动了青少年学生参加活动的积极性,取得了良好的成效,冬季长跑成为很多学校的经常性体育活动。

巩华中心小学一直坚持贯彻德智体美劳全面发展的办学方针,重视学生体育工作,除了确保学生每天锻炼1小时,也在冬季扎实开展长跑锻炼活动,而且每年在年底举办一次冬季长跑比赛。但是由于学校两个校区中,中心校没有操场,沙河二小只有一个200米跑道的小操场,长跑比赛只能允许五分之一的学生参赛,其余学生在旁边助威。

2017年,为深入贯彻全员体育理念,学校决定举办一次"人人有期待、全员都参与"的长跑比赛。我们先是考虑向本区其他中小学租借场地，后来体育组教师集体提议将长跑比赛改成越野赛，把学生带到离学校两公里左右的沙河滨河公园去比赛。沙河滨河公园不仅占地面积大，而且有5公里长的专用跑步道。公园在工作日里游客比较少，比较适合开展冬季越野活动。体育教师的提议得到了多数人的支持，但也有少数班主任心存顾虑。有的班主任认为公园空间大，不便于管理学生，可能出现安全问题；有的班主任则提出从学校到公园有2公里，低年级学生走过去和参赛可能有困难。我们进一步征求家长意见，最终决定第一年先在中高年级举行公园越野赛，低年级学生长跑比赛仍在校园内举行，而且制订了一套包括应急处理办法的详细方案，最后成功实施了第一次冬季越野长跑。

公园越野跑归来，很多学生和家长用不同方式分享了他们参加越野赛的感受。有学生在作文中写道，"这次越野赛每个人要在竞争状态下跑2500米，我在赛前感觉'压力山大'，妈妈的鼓励在我看来就是一碗鸡汤。可没想到，我跑下来了，而且拿到了全校前50名的好成绩。我们班才20多人，却有8人进入了前50，我们被自己感动了。原来我们每个人其实都有巨大的潜力，都可以做得更好。相信自己，会拼才会赢！"有一名家长在微信朋友圈中发文说，"我家娃很胖，不太喜欢体育活动，这次是在我软硬兼施的鼓励下才参赛的。她在队伍中跑过我所在的志愿者服务站时，我使劲给她加油，她瞬间泪崩啊。最后娃顺利跑完，虽然名次靠后，但娃很高兴。她回来跟我说路上老师给她递水喝，有个小伙伴还特意慢点跑等着她。娃说，滨河公园很漂亮，周末我们可以一起去跑步！"

透过各种分享与交流，我们惊喜地发现，公园越野赛有力地促进了学生的成长。孩子们的拼搏意识提高了，自信心增强了，班里更团结，更有朝气。多名班主任给体育组教师提建议，要将公园越野赛长期举办下去，办成巩华中心小学最受学生欢迎的校园活动之一，为孩子们的小学生活留下美好记忆。也有教师向学校建议，以公园越野赛为契机，将活动课程化，开发成一门精品校本课程。

多好的建议！学校决定将沙河滨河公园作为一个重要的学生校外教育基

地,并启动相关校本课程建设工作。

冬季主题越野课程

泰勒(Ralph W.Tyler)是美国著名的教育学家和课程理论家,被尊称为现代课程理论之父。他于1949年出版的《Basic Principles of Curriculum and Instruction》,被认为是20世纪人类最优秀的课程研究成果。这本书的中译本书名是《课程与教学的基本原理》,由人民教育出版社于1994年出版。

在这本书中,泰勒提出了课程开发的经典四问,分别是:(1)学校应该试图达到什么教育目标?(2)提供什么教育经验最有可能达到这些目标?(3)怎样有效组织这些教育经验?(4)我们如何确定这些目标正在得以实现?[1]每一门课程的开发,必须回答好这四个基本问题。

我们依托沙河滨河公园首先开发的校本课程是"冬季主题越野"课程。在课程目标上,根据《中共中央国务院关于加强青少年体育增强青少年体质的意见》以及全国亿万学生阳光体育运动领导小组办公室(以下简称"阳光办")发布的有关通知,参考《义务教育体育与健康课程标准(2011年版)》,结合我校实际,将冬季主题越野课程的目标表述如下,"增强体质,提升在耐力、力量、速度等体能指标以及毅力、团结、自信等品质指标上的表现;养成终身锻炼的意识与习惯,选择健康生活方式;提高体育运动中的安全意识与防范能力,获得在野外环境中的基本生存技能;关心国家大事,热爱祖国,热心公益,发展为人民服务的意识"。

这门课程可以提供哪些教育经验,也就是可以设置哪些课程内容?这门课程因学生在冬季越野赛中的成长而提出,所以我们将课程内容概括为N+1+1。其中N指的是日常冬季长跑活动,依据国家"阳光办"有关文件有序开展,一般是从每年11月15日北京市统一供暖日开始,一直持续到来年4月。第一个1指一次爱国主题教育活动,最近几年"阳光办"每年都会提出建议主题,学校将以此为依据,结合实际情况确定年度主题。在公园越野赛前后,学校会组织多次主题教育活动,深化主题教育的成效。第二个1就是一次公园越野赛,在赛事设计上,每年活动要结合主题而展开,活动形式丰富多样，每年有所创新，吸引学生参与。

为有效实施课程，学校提出周密的计划，每一个课程内容都责任到人。日常冬季长跑由体育组负责实施，各班班主任和副班主任协助实施；主题教育由各班班主任和副班主任负责实施，德育处要组织集体备课和相关研讨活动，体育组教师协助实施；公园越野赛则是全员参与，学校将全体教职工分成育人协调组、竞赛裁判组、途经点检查组、游戏活动组、成绩统计组、摄影组、音箱设备组、医务组、后勤组、安保组等10个小组，人人有责，责任到人，以确保活动的趣味性、成长性及安全性。

在课程评价上，我们采用等级加评语方式。除记录学生参加冬季长跑等各项活动的基本情况外，班主任教师需要对学生参与主题教育和整个课程的表现进行等级评定，并撰写简短评语，评价表参见表10-1。课程评价每个冬季进行一次，以正面激励为主，它不仅可以记录学生的成长，而且可以有效地激励学生成长。

表 10-1　巩华中心小学20__—20__年度冬季主题越野课程评价表

姓名		性别		班级		学号	
冬季长跑							
出勤次数		缺勤次数		出勤率		跑步距离	
主题教育							
活动参与		沟通合作		主题成长			
公园越野							
跑步距离		完成时间		年级名次		全校名次	
综合评定等级（请在相应等级上画√）				A	B	C	
评语							
教师签名：						时间：	

2018年冬季，巩华中心小学冬季越野赛课程以"扶京少年，奔向冬奥"为主题。"扶京"取自我校地域特色文化。我校位于巩华城地区，巩华城是明代皇帝北征及谒陵巡狩时停车休息的场所，是市级文物保护单位。巩华城正门为南门"扶京门"，俗称大南门，其建筑制式和北京城的正阳门相仿，寓意"拱护神京"。我校在学校文化建设中将"扶京"作为一个重要的文化概念使用，但其寓意已延伸成"爱我北京，情系中华"。"冬奥"，即冬季奥林匹克运动会，2022年北京和张家口市将联合举办第24届冬奥会，2018年已经开始进入倒计时状态，全国人民都在为迎接冬奥会做准备。所以，我们将本年度的冬季越野课程主题确定为"扶京少年，奔向冬奥"。2019年，适逢中华人民共和国成立70周年，所以，巩华中心小学将冬季越野课程主题定为"扶京少年，祝福祖国"，让学生在冬炼的同时感受祖国的灿烂文化和辉煌成就，从小培养家国情怀。

连续三年的实施，我校冬季主题越野课程已经基本成熟，成为最受学生喜爱的校本课程之一。教师们在课程开发与实施过程中也获得了长足的发展，课程意识提高了，团结互助、相互启发、共同成长的学习氛围也越来越浓厚。

正是在这样的氛围中，教师们又提出了一个大胆的建议：既然孩子们喜欢公园越野，喜欢户外活动，在北京市持续推动综合实践活动的背景下，巩华中心小学是否可以在冬季主题越野课程的基础上，开发春夏秋冬四季公园课程系列呢？

走向四季公园课程

课程是教育的载体，是学校提供给学生的最重要的产品，是实现立德树人目标的关键途径。自担任巩华中心小学校长以来，我和干部教师们一直非常重视课程建设，构建了"一擎两翼＋助力"课程体系。学校将整个课程体系比喻为一架C919大飞机，国家课程是大飞机的引擎，其性能的强大可确保大飞机飞得更远；科技、艺术特色课程是大飞机的两翼，其性能的扎实可确保飞机飞得更高；其他校本课程构成大飞机的助力系统，确保大飞机飞得更平稳、更安全、更舒适，实现预定的飞行目标。

经过长期的建设积累，我校科技与艺术特色课程已经较为成熟，四季公园课程作为助力课程的重要组成部分，开始成为学校课程建设的重点。

2019年12月和2020年1月，我校先后两次邀请"创新昌平·卓越校长领导力诊断与提升"项目组专家、北京中学夏青峰校长，以及参加该项目的昌平区名校长，共28人次，到校指导四季公园课程建设。通过观课、听汇报、座谈，专家们提出了很多宝贵的建议，主要如下。

一是围绕培养什么样的人构建四季公园课程。学校要培养什么样的人，这是课程建设的起点。中国学生发展核心素养体系于2016年颁布，可以为课程建设提供很好的思路。四季公园课程不能仅仅满足于认识花草树木或外出游玩，而应关注沟通合作、批判性思考、探究创新等重要的核心素养。

二是站在五育并举的角度思考课程设计。新近发布的《中共中央国务院关于深化教育教学改革，全面提高义务教育质量的意见》影响很大，这是党中央、国务院印发的第一个聚焦义务教育阶段教育教学改革的重要文件，是新时代我国深化课程改革的纲领性文件。文件强调立德树人和五育并举。四季公园课程在立意上要兼顾学生多方面的发展，全面推动素质教育。

三是重视课程的综合性和实践性。2015年，北京市教委印发《北京市实施教育部〈义务教育课程设置实验方案〉的课程计划（修订）》，提出构建开放、综合、以学生和学习为中心的课程。所谓开放就是打通学科世界与生活世界；所谓综合，就是加强学科之间的融通与互动。这一版课程计划还强调实践性，要让学生动起来，将知识用起来，提高综合分析与解决问题的能力。

四是借鉴项目式学习实施课程。项目式学习（Project Based Learning，PBL），与Problem Based Learning很接近，都是让学生基于问题提出项目，在达成项目目标的过程中探索学习。目前，北京中学、中关村三小已经在PBL方面做了很多探索，有很多经验可以借鉴。四季公园课程可以考虑让学生结合公园多样化资源，开展项目式学习。

五是调动家长等多元主体的参与。要构建走出学校的综合实践课程，仅靠教师的努力是不够的。在当前注重学校治理现代化，强调多元治理的背景下,学校的四季公园课程要有意识地调动家长参与,开发家长身边的资源,扩充课程的深度与厚度,助力学生成长。

专家们从政策高度上给我校四季公园课程提供了引领,为我们理清了课程建设的基本思路。我们将专家们的意见总结、概括、转化为四季公园课程建设的五项原则,也是五大课程理念,分别是:注重核心素养;推动五育并举;强调综合实践;倡导项目学习;调动多元参与。

在五项原则指导下,我校成立专门的课程建设小组,在回顾与统整前期工作的基础上,提出四季公园课程方案。这些工作基本上是在2020年新冠疫情期间推动的。老师们一边组织学生开展线上线下混合学习,一边投入到四季公园课程方案的开发中。现在,巩华中心小学四季公园课程1.0版已经诞生!与春夏秋冬四个季节对应,四季公园课程分别命名为"春华课程""夏长课程"与"秋实课程",原有的冬季主题越野课程更名为"冬炼课程"(详见表10-2)。

表10-2 巩华中心小学四季公园课程框架

课程理念:注重核心素养;推动五育并举;强调综合实践;倡导项目学习;调动多元参与

	春华课程	夏长课程	秋实课程	冬炼课程
寓意	春光正好 不负韶华	盛夏情浓 快乐生长	丰收在秋 实验探索	冬炼三九 爱家爱国
课程目标	走出学校,走到大自然中,开阔视野,在自然中学习;锻炼身体,提高体能,养成健康体魄;合作互助,提高沟通能力、团队意识和领导力。	走遍市内外知名公园,到更广阔的大自然中学习,感受祖国美好风光;阅读名著,提高阅读理解能力、人文素养与批判性思考能力。	认识公园中的景观,增广见闻;开展项目式学习,提高自主学习能力与批判性思考能力;提高环境保护意识和能力,重视生态保护。	增强体质,提升体能与心理品质;养成终身锻炼的意识与习惯;提高体育运动中的安全意识与防范能力;关心国家大事,培养家国情怀与责任意识。

续表

	春华课程	夏长课程	秋实课程	冬炼课程
课程内容	1+1 以年级和校区为单位，组织1次到一座公园的集体春游。 在沙河滨河公园，举行1次全校师生共同参加的春季公园运动会。	N+1 N代表多个，乃至无数个公园，让学生利用暑假到更多的市内外知名公园游览。 1代表读一本名著，高年级学生也可以读多本名著。每个学生都参与。	1+1 以年级为单位，围绕公园和生态，开展一次主题教育活动。 每个学生开展一次项目式学习，探究一个问题，或完成一项制作。	N+1+1 N代表日常冬季长跑活动。 第一个1代表一次爱国主题教育活动。 第二个1代表一次公园越野比赛。
课程实施	公园和春游主题由年级统一确定。每个班要开设游园前课和后课，前课了解公园知识，后课分享见闻与感受。 春季运动会由体育组教师牵头，德育处协调，全体教师参与，鼓励家长作为志愿者参与各项工作。	夏季大部分时间是暑假时间，游览公园的工作主要由家长设计与实施，鼓励学生在开学后以多种方式开展分享活动。 每个学生都要参与读书活动，每个学生至少读一本名著，鼓励亲子共读。 秋季开学后教师要组织阅读分享活动。	主题教育分年级进行。1~6年级的主题分别是"1——果实""2——树木""3——颜色""4——湖水""5——花草""6——生态"；学生结合年级主题提出研究问题，开展一次项目式学习/研究性学习，或研究一个未知的问题，或完成一个小制作。所有教师参与学习指导。	日常冬季长跑由体育组负责实施，各班班主任和副班主任协助实施。 爱国主题教育由各班班主任和副班主任负责实施，德育处要组织集体备课和相关研讨活动，体育组教师协助实施。 公园越野赛则是教职工全员参与，家长作为志愿者参与后勤工作。
课程评价	评语	成长记录袋 等级+评语	成长记录袋 等级+评语	等级+评语 参见表10-1

从文本到实践

课程的生命力在于实施。然而，2020年的新冠疫情使学校开学时间推迟了，四季公园课程预计要等到下个学期才能正式进入实施阶段。在"停课不停学"期间，巩华中心小学的教师在设计课程方案的同时，也在为未来四季公园课程从文本到实践做准备。在现阶段，我校的工作重点抓了以下几方面。

首先，开展教师培训，提高教师课程开发能力。在四季公园课程建设过程中，专家和名校长从政策上引领我们，从理论上支持我们，给了我们相当多的启发。这使我们意识到，教师的理论素养和政策水平需要进一步提升。于是，在疫情期间，我校多次组织面向一线教师的在线培训，培训内容包括课程与教学的基本原理、促进教学的评价、项目式学习等。

其次，完善课程实施计划，开发课程资源。课程是一个开放的系统，每一个课程都要在实施过程中不断完善。四季公园课程也是如此，我们一方面需要对春华、夏长、秋实和冬炼课程进行具体化，提出操作化的实施方案，另一方面要通过研讨从细节上完善方案，使方案生动活泼，简明有效。课程资源的开发工作也在紧锣密鼓地推动中。

再次，在小范围内开展探索性尝试，提高课程实施能力。尽管现在是新冠疫情期间，孩子们还不方便外出，不能到公园开展活动，但是教师们在培训后已经开始在混合学习中探索项目式学习，探索成长记录袋等多样化评价方式，为以后四季公园课程的实施积累经验，做好准备。

一年有四季，不同季节中的公园拥有不同的资源和条件，可以成就各有特色的课程。我们期望，新冠疫情可以早一天结束，教师们可以投入到四季公园课程建设的工作中。我们更期望，四季公园课程可以为孩子们搭建成长的舞台，让孩子们自由探索，在四季体验中成长，绽放人生精彩！

（成稿时间：2020年6月）

点评

校本课程是国家课程与地方课程的重要补充。自 2001 年本轮新课改启动以来，校本课程建设在我国受到了广泛的重视，许多中小学在学校发展规划与培养目标的引领下积极开发校本课程，以增加课程的多样性、均衡性与选择性。但是，校本课程每校都有，而知道泰勒课程基本原理，并以此为指导开发校本课程的学校却非常少。

泰勒（1902-1994）是美国著名的教育学家和课程理论家。他参与了在美国现代教育史上影响深远的八年研究（1933~1941），领导其中的课程评价工作。1949 年，他结合在八年研究中的经历，梳理、分析、解释课程与教学方案的基本思想，撰写并出版了《课程与教学的基本原理》一书。这本书被认为是 20 世纪人类最优秀的课程研究成果，有人甚至赞誉其为课程开发的圣经[2]，足见其影响力之深之远。

王洪燕校长带领本校教师基于泰勒在《课程与教学的基本原理》一书中提出的课程四问，开发四季公园课程。实际上，课程四问分别对应了课程开发过程中的四个环节：明确课程目标、确定课程内容、提出教学建议和设计评价方案。经由四个环节，四个问题都回答清楚了，一个完整的课程纲要也就成形了。在巩华中心小学，最终形成的四季公园课程框架清晰地呈现了每一季课程的目标、内容、教学实施建议以及课程评价办法，结构完整，具体可行。

反观其他中小学，很多学校声称自己重视校本课程，甚至能提供一个罗列了数十种，甚至上百种校本课程，令人眼花缭乱的课程图谱或框架，但仔细追问就会发现其中有些课程实际上只停留在概念阶段。有些学校在对外展示时提供了部分课程的教材，但通常也只是一份教案的合集，到底这门课的目标是什么，主要内容有哪些，课程如何实施，以及怎样评价学生的学习，从教材中委实难以辨认。也就是说，不少学校并没有遵从课程与教学的基本原理，基于课程四问开发校本课程。究其原因，主要是因为在计划体制下成长起来的校长、教师，乃至教研员，对课程的独立判断能力、课程意识及课程开发能力都相对薄弱，难以适应三级课程管理模式下的校本课程开发。[3]有关部门需要加强对校长、教师和教研员的课程理论培训，帮助他们掌握课程开发的基本理论与技能，以便在课程四问框架下严谨地开发校本课程。

另外值得一提的是，巩华中心小学四季公园课程的开发注重核心素养培育。2014年，《教育部关于全面深化课程改革，落实立德树人根本任务的意见》（教基二[2014]4号）提出要研制中国学生发展核心素养体系，明确学生应具备的适应终身发展和社会发展需要的必备品格和关键能力，各级各类学校则要从实际出发，把核心素养培育落实到教学实践中。文件颁布后，多个课题组和不少专家相继提出核心素养框架及相关建议。在众多框架中，北京师范大学中国教育创新研究院开发的5C核心素养模型具有较为广泛的影响力。该模型包括审辨思维（Critical Thinking）、创新（Creativity）、沟通（Communication）、合作（Collaboration），以及文化理解与传承素养（Cultural Competence）5大核心素养。[4-5]巩华中心小学在四季公园课程中明确提出以培养学生的合作沟通能力、批判性思考能力、家国情怀等核心素养为课程目标，并通过多样化活动予以推动，将核心素养培育切实落实到实践中。

当然，巩华中心小学还可以做得更好。如果学校先对"培育什么样的人"进行深入讨论，提出学生培养目标及核心素养，然后基于核心素养提出校本课程框架，校本课程就能更好地为核心素养培育提供补充。我们曾经指导陕西省西安市莲湖区庆安小学构建校本课程体系，具体的做法就是这样。庆安小学提出要"培养健康、文明、善思的庆安学子"，也就是让学生具备健康（身心健康，悦纳自我）、文明（心中有爱，举止文明）和善思（乐于探究，善于审辨）三种核心素养，于是就相应构建了包括健康、文明和善思三个领域、十一个系列的校本课程框架（参见表10-3）。每个领域的课程由若干个系列课程构成，比如文明领域包括国学、礼仪、陕西文化、阅读和艺术等五个系列，每个系列在不同年级有不同的课程。这种自上而下，基于顶层设计、培养目标与核心素养而构建的校本课程体系更具系统性，能有效克服核心素养目标与校本课程缺乏对应的问题，能更好地推动核心素养培育及学校顶层设计落地。

表 10-3　庆安小学校本课程框架

	健康 （身心健康，悦纳自我）	文明 （心中有爱，举止文明）	善思 （乐于探究，善于审辨）
一年级	体育：创意游戏 健康：人体科学	国学：弟子规 陕西文化：西安小吃 阅读：绘本阅读 艺术：创意美术	哲学启蒙：绘本看世界 信息时代：电脑绘图
二年级	体育：跳绳 健康：健康成长	国学：寓言故事 陕西文化：西安古迹 阅读：绘本创编 艺术：课本剧	哲学启蒙：绘本看世界 信息时代：Scratch 初步 STEM：宠物
三年级	体育：红拳 健康：营养均衡	国学：诗词鉴赏 陕西文化：陕西民俗 阅读：童话世界 艺术：乐器	哲学启蒙：思维导图 信息时代：Scratch STEM：营养配餐
四年级	体育：足球、篮球 健康：西点时光 心理：认识我自己	国学：历史名人 陕西文化：走进博物馆 国际理解：世界各地 阅读：少年文摘 艺术：合唱	哲学启蒙：启迪智慧 信息时代：拍客 STEM：无土栽培
五年级	体育：跳绳 健康：创意美食 心理：找朋友	国学：中国历史 陕西文化：今日陕西 国际理解：多样化文明 阅读：小说世界 艺术：语言艺术	哲学启蒙：系统思考 信息时代：Arduino STEM：身边的科学
六年级	体育：足球、篮球 健康：健康人生 心理：男生女生	国学：古文名篇 陕西文化：一日导游 国际理解：世界大事 阅读：走进经典 艺术：课本剧	哲学启蒙：智慧人生 信息时代：新媒体 STEM：实验探索

2020年，是"十三五"收关之年，也是"十四五"开局之年。巩华中心小学可以在回顾"十三五"发展的基础上，对"十四五"期间学校发展进行整体规划，提出学校未来发展愿景，明确学生培养目标及核心素养，系统梳理学校课程体系，并统筹课程、教学、评价、教师培养等多方面工作，大力推动核心素养在课程与教学实践中的落实。

参考文献

[1] 泰勒. 课程与教学的基本原理 [M]. 施良方，译. 北京：人民教育出版社，1994：17.

[2]Jackson, P. W. Conceptions of curriculum and curriculum specialists[A]. Jackson, P. W. Handbook of Research on Curriculum: A Project of the American Educational Research Association[C]. New York: MacMillan, 1992: 24.

[3] 崔允漷，夏雪梅. 校本课程开发在中国 [J]. 北京大学教育评论，2004，2（3）：30-34.

[4] 魏锐等人. "21世纪核心素养5C模型"研究设计 [J]. 华东师范大学学报（教育科学版），2020，（2）：20-28.

[5] 罗斯. 致辞：从"4C"到"5C"——祝贺"21世纪核心素养5C模型"发布 [J]. 华东师范大学学报（教育科学版），2020，（2）：19.

第 11 章 歌声里的彩虹

社团是学生在自愿基础上形成，由兴趣爱好相近的同学组成的各种群众性文化、艺术、学术团体。社团活动是国家课程的重要补充，是促进学生全面而有个性发展的重要手段。一般而言，受师资、场地等条件的限制，农村中小学的社团活动相对较少，有影响力的社团更是凤毛麟角。作为一所地处城乡结合部的农村学校，北京市昌平区燕丹学校在"生命教育"理念引领下抓住机遇，迎难而上，创建了"彩虹合唱团"，并逐渐发展壮大，成为市区音乐教育的一张靓丽名片。在合唱团取得成功的同时，燕丹学校还推进班级合唱，让每一个孩子都能接受合唱艺术的熏陶，在艺术中提升生命的质量。

学校基本情况

燕丹学校于 1972 年建校，1996 年改制为九年一贯制学校。学校地处北京市昌平区东南部，毗邻顺义区和朝阳区。学校占地面积 25043 平方米，建筑面积 11175 平方米，体育场面积 11185 平方米。学校有 45 个教学班，其中小学部 35 个，中学部 10 个，学生总计 1300 余人，其中非京籍生源比例达 60%。学校以"对每一个生命负责，让每个人成为最好的自己"为宗旨，确立"培养身心健康，具有艺术素养、创新思维和良好品德的社会优质公民"的办学目标，逐渐形成了"体育夯实健康，阅读浸润心灵，艺术滋养生命，品格教育影响一生"的办学特色。

近五年来，燕丹学校被评为北京市艺术特色学校，北京市金帆书画院；

学校"彩虹合唱团"多次获得市级比赛金奖和第一名,还被评为世界最高级别合唱团——A级合唱团;学校"丹毓晨阳武术团"在北京市比赛中多次获团体一等奖;田径队在昌平区春运会上连续六年获得初中乙组团体冠军。

校长简介

王涵(1970-),女,教育硕士,高级教师,北京市特级校长,现任北京市昌平区燕丹学校校长。她将"生命教育"理念播撒在学校的每一个角落,致力于建设一所充满生命气息的农村学校,让众多外来打工子弟也能享受到优质的教育资源,用她富有诗意的语言来说,就是"让每一个生命都自由舒展、光荣绽放"。

案例分享

与彩虹结缘

2019年底,我们迎来了一年一度的新年音乐会,展示彩虹合唱团的成果。在致辞中,我说道:"艺术教育丰硕的成果,是燕丹学校向百姓交出的满意答卷。彩虹的如月之恒,如日之升,更是生命教育理念的生动体现。"建团五年来,师生们长期活跃在国内外各项赛事与展演活动的舞台上,多次荣获市区、国家级金奖,并在"国际合唱节"交流与评测活动中获得了世界最高级别"A级合唱团"的称号。作为一所地处城乡结合部,以外来务工人员子女为主要生源的学校,能取得如此辉煌的成就,令每一个燕丹人为之自豪。而这份荣耀背后凝聚着燕丹人辛勤的努力和付出,每次回忆起彩虹合唱团的过往,我的眼里总是饱含泪水。

与彩虹合唱团正式结缘是在2014年。这一年,随着经济的飞速发展和城市化进程的不断加快,北七家地区外来人口骤增,我校学生数开始大幅增加,而且家长背景复杂多元,生源质量参差不齐。他们无论在知识能力、言谈举止,还是素质修养上,都存在显著差异和明显的分化。在生源结构剧变的情况下，办一种什么样的教育才能快速把一千多名家长、一千多个孩子凝聚起来？孩子要获得怎样的成长才能让家长满意，让孩子一生受益？这些成为我思考的重要问题。

从"对每一个生命负责，让每个人成为最好的自己"这一办学宗旨出发，我们开始尝试开发更多的校本课程和社团，以适应学生发展的多样性，为学生发展创造更多可能。在这个过程中，一次偶然的机会，我接触到"彩虹公益基金会"的一名工作人员张联女士。

张女士是我校四年级一名学生的家长。在一次家长会后她找到我，说"彩虹公益基金会"想在艺术方面资助一所打工子弟学校，可他们通过考察，发现几所备选的学校根本不具备相应的条件，没有一架钢琴，也没有一个专业的音乐老师，孩子们唱歌几乎都跑调，所以资助只能"流产"。她问我能否联系一所比较成熟的打工子弟学校。我一听，真是"众里寻他千百度，蓦然回首，那人却在灯火阑珊处"，艺术是美的教育，是情感教育，艺术可以伴随人的一生，而且艺术无国界，每个人都可以参与其中，这种资源非常适合提供给我校这些背景多元的孩子。于是，我赶紧对张女士说："燕丹学校虽不是打工子弟学校，但是我们的生源中有近七成是非京籍学生，我需要艺术把他们凝聚在一起，更希望通过艺术修养的提升，点亮孩子们的未来。期待得到基金会的支持。"

随后，我校给"彩虹公益基金会"写了一份正式的申请，表达了我们对艺术项目渴求的心愿。精诚所至，金石为开。一周以后，基金会回复说可以考虑，但是要考察一下学校。通过考察学校以及和音乐教师的交流，他们感受到了我们的真诚和期待，建议在燕丹学校组建一个乐队。在2010年之前，燕丹学校曾组建过管乐团，但是由于场地、乐器以及孩子年龄等原因，管乐团"夭折"了。我们提议成立合唱团，因为合唱不受场地、乐器的限制，随时随地可以操练起来，而且，嗓子人人都有，不会因为孩子们买不起乐器而把他们拒之门外，只要喜欢唱歌的孩子，我们都可以吸纳进来，让他们在艺术的熏陶中成长。这也是教育公平的一种体现。我们的提议得到基金会的支持，在达成一致意见后，阳春三月，合唱团正式成立，被命名为"燕丹学校彩虹合唱团"。

2014年3月24日，基金会在北京音乐厅召开"彩虹合唱团"新闻发布会。就是在这一天，孩子们的音乐梦正式开启。他们第一次走进音乐厅的喜悦、兴奋、忐忑、憧憬，以及他们稚嫩的表演，今天回忆起来还历历在目。

不经历风雨，怎么见彩虹

做一个决定，不难，难的是付诸行动，并且坚持到底。在学校，开办一个社团乃至校本课程，不难，难的是坚持下去，不断提升质量，直至把社团办成有影响力的社团。

燕丹学校是一所地处城乡结合部的普通公办九年一贯制学校，无论是一般意义上的办学资源，还是音乐教育基础，都相对比较薄弱。创办初期，彩虹合唱团要面对很多困难。团长史振飞老师是一个有合唱训练经验又特想干事的年轻人，他对老师们说，"不经历风雨，怎能见彩虹？我就不信咱们带不出一支像样的合唱团来！别的先别想，干就是了！"在这种精神的鼓舞下，我们直面各种困难，"逢山开路，遇水搭桥"，硬是闯出一条合唱艺术之路。

合唱团面对的第一个困难是学生没有音乐基础。第一期招了60名喜欢唱歌、嗓音不错的团员。这些学生绝大多数没有任何合唱基础。经调查，只有1名学生学过乐器。他们在音准、节奏上都存在很大的问题，有的同学甚至连一条最简单的视唱都无法完整地演唱出来，更别提让他们准确且富有感情地演唱合唱作品了。面对这样的学生条件，合唱团的老师们没有气馁，他们从单音开始，从基本的张嘴开始，一点一点教学生识谱视唱。为了更好地让学生融入进来，教师们制定了一个科学、有序的教学方案，循序渐进地对学生进行乐理知识的普及。在课堂上，教师们尽量做到因材施教，不放弃每个团员的发展，对基础差、识谱慢的学生，就从最基础的识谱环节开始教；对音准、节奏欠佳的同学，教师们将他们进行分组，针对薄弱环节加强训练，逐个过关；对表现力欠佳的学生，教师们通过示范、模仿等多种方式，让他们学会大胆、自信地表达作品。通过几年的训练，大部分孩子已从青涩的音乐爱好者，蜕变成了合格的合唱团团员。

随着合唱团团员基本功的提升，第二个困难开始"浮出水面"，那便是教师专业素养不足。合唱团成立之初，我校只有3位音乐教师，承担着全校40多个班级的音乐教学工作，可以说，教学任务相当繁重。而且，3位教师中，只有团长史振飞老师对合唱训练比较专业，另外2位音乐教师缺乏合唱教学的经验。如何调动音乐教师的积极性，让教师们成长为合格甚至优秀的合唱团指导教师，成为学校的一大任务。为此，我们积极联系"彩虹公益基金会"，给老师们创造去国家大剧院、北京音乐厅、中山音乐堂等音乐殿堂观赏演出的机会，开阔教师的视野；我们邀请很多高水平合唱专家，包括国内和国外的专家，来校指导教师的教学，给学生上课，提升教师的专业素养。我们还调整激励奖励政策，不仅依据合唱团的工作量和获奖情况给予音乐教师一定的物质激励，而且还及时给予精神奖励。对彩虹合唱团的每一次进步，学校都在各个场合不遗余力地进行宣传，号召全体干部、教师向音乐组的教师学习，由校长亲自颁发"感动燕丹"人物奖。为了构建更加合理的合唱指导教师团队，学校在后续招聘教师时，重点选择能胜任合唱教学的教师，现在已基本建立了由6位教师组成的专业教师队伍。

第三个要克服的困难是学校资源匮乏。学校没有正规的排练厅，六十多人挤在一间四十多平米的教室里，没有空调，只有两个壁扇。冬天还好一些，可一到夏天，教室好像个大蒸笼，但师生们不怕苦，不叫热，有时候训练完大家才意识到从头到脚都是湿漉漉的，衣服甚至可以拧出水来。我经常听教师们说，训练完出了教室就像进入了另一个世界一样，即使外面气温达到35摄氏度，他们也能感觉到一丝清凉。除了排练场地，学校的音乐设备也不足。学校只有一架普通钢琴，没法进行演奏，于是合唱团就在无伴奏合唱上下功夫。

就这样，合唱团在艰苦的条件下坚持训练和不断成长。2014年底，学校举办了2015年新年音乐会，那是我们的第一场音乐会，演出地点是学校的多功能厅。那时的我们，没有华丽的舞台，学生挤在狭窄的走道和教室里备场；没有成熟的作品，孩子们仅准备了十几首中外小歌，且只有两个声部；

演出前没有彩排，四名音乐老师在后台扯着嗓子维持秩序。第一场音乐会虽然略显稚嫩，但也让我们很震撼，孩子们很开心。最后谢幕时，音乐教研组长刘萍老师走过来，她说："心一直吊着，终于结束了！"我看到她激动地哭了，紧紧地拥抱了她，表示感谢和祝贺，也给她鼓励和信心。

合唱团在摸爬滚打中成长。2016年3月，彩虹合唱团参加了两年一届的昌平区中小学生艺术节合唱比赛。这是检验我们这两年辛苦训练成果的时刻。在比赛开始前的几周，我抽出时间去看孩子们排练，为孩子们加油打气。为了鼓励他们，我把每个孩子的名字都记了下来，在排列间隙，叫着孩子的名字，跟他们聊天谈心。比赛当天，我坐在台下静静地看着孩子们，给孩子们送去信任的眼神。听完整场比赛后，我松了口气，孩子们表现得很自然，音色也很纯美，我认为孩子们发挥出了真正的水平。发布成绩之前，我的心一直吊着，这可是合唱团参加的第一次正式比赛，如果能拿个名次，对于教师和学生将会是一个极大的鼓舞。

记得当时听到三位评委一致感叹道："今天来昌平，听了彩虹合唱团的两首歌，就没有白来！"所以，我也有充足的信心，我们一定会拿个奖回去。第二天，当我接到参赛的两个组别均取得第一名的消息，瞬间眼泪夺眶而出，我举起拳头向空中猛挥了几下，激动！激动！还是激动！我为孩子们高兴，为老师们高兴，我们的努力没白费！这是最好的结果！说实话，后来我们参加了很多比赛，获得了很多市级、全国，甚至国际级一等奖和金奖，心情也很激动，但第一次比赛时的情形依然是那么难忘。

人人都是歌唱家

彩虹合唱团在昌平区一炮打响之后，相继参加了各级各类许多比赛，频繁获奖，不仅包揽昌平区学生艺术节合唱比赛大、小合唱所有组别的一等奖第一名，而且获得了北京市学生艺术节所有金奖及北京市合唱节少年组比赛金奖第一名。可以说，经过几年的努力，彩虹合唱团已成为我校一张靓丽的名片。由于合唱团的快速成长以及越来越广的影响力，有的家长从幼儿园起就让孩子学乐理，学乐器，就是想一入学能加入到彩虹合唱团；也有很多孩子把加入"彩虹合唱团"作为十分荣耀的事情和努力的目标。现在每到合唱团招新的时候,团长史老师都既兴奋又苦恼,因为报名参加的好苗子很多,不愁队员的招新,但是合唱团名额有限,师资有限,老师们实在不忍心把热爱唱歌的孩子们拒之门外。

学校开展各种社团的目的是让更多的人参与,更多人从中获得成长。法国大文豪雨果说:"开启人类智慧的宝库有三把钥匙,一把是数学,一把是文学,一把是音乐。"而合唱这一种活动就包含了文学和音乐两种。既然学生们都钟爱唱歌,我们能不能扩大合唱的参与范围,让合唱由小众走向大众,让人人都成为小小歌唱家?推广班级合唱,让合唱课程进入每个班级,惠及每个学生,这才是合唱教育的终极目标,也才能让合唱更有意义。

接下来,我们组织音乐组教师进行讨论和系统的分析,大家一致认为让合唱进班级,推广班级合唱是一种必要且可行的课程安排。主要理由如下:首先,歌唱是一个人与生俱来的能力,无关相貌、身材,而且,歌唱是随时随地可以实现的行为,不受时空、乐器的限制,所以,歌唱人人可为。其次,合唱是一种群体艺术,"合唱团里没有我,只有我们",合唱不仅可以培养孩子们的团队精神、责任感、注意力、持久力,还能通过优秀的作品陶冶高尚的情操,发展人的精神和灵魂。所以,合唱是最好的教育载体之一。最后,推广班级合唱,可让学校的生命教育理念真正落地生根。生命教育旨在让每一个生命自由舒展、光荣绽放,让每个人成为最好的自己。推进班级合唱,可让每一个人都能参与到合唱中来,让更多的孩子接受艺术熏陶,在艺术中提升生命的质量,让生命有温度、有亮度。

从2015年春季学期开始,6位音乐教师在音乐课程中加强了合唱训练,从呼吸发声到咬字吐字,从音准节奏到和声练习,循序渐进地提高学生的基本功。学校在音乐教师的倡议下出台相关配套制度和措施,比如:(1)小学部所有自然班,每个班必须有自己的班歌,班歌要结合自己的班级风貌、班级精神,由班级自己选择;(2)"每周一唱",每班每周一安排固定时间合唱班歌;(3)"每年一赛",在每年的学校艺术节中,班级合唱是固定节目,班班参与,一个不少。此外,学校还鼓励其他学科的教师尽可能地与合唱艺术融合，也在一定程度上增加了其他学科的吸引力。比如，在学《江雪》这首歌曲时，语文学科高月英老师先给孩子们上了一节《江雪》的古诗欣赏课，学生们在充分理解和体悟诗词意境的基础上，歌唱的表现力一下提升了很多。也就是这首歌，在2017年北京市"为你歌唱"合唱节少年组中获得金奖第一名的好成绩。

至今，班级合唱已经成为学校艺术节中全校学生人人参与的项目。

几年下来，班级合唱比赛日趋成熟，越办越好。通过比赛，班级合唱整体水平明显提升，好多小指挥和钢琴伴奏也脱颖而出。更为可贵的是，班级合唱的持续推进，有效提升了孩子们自主管理、自主教育的能力。2018年，五（4）班孩子们自己排练的歌曲《踏雪寻梅》和《Vios sur ton chemin》（电影《放牛班的春天》插曲《眺望你的路途》），在"回天有声"现场会上做了出色的展示。紧接着，在昌平区艺术节合唱比赛中，他们凭借《国家》和《踏雪寻梅》两首歌曲再次获得金奖。尤其值得称道的是，比赛中指挥和钢琴伴奏都是五（4）班的小学生。2019年我校新年音乐会上，作为班级合唱的优秀代表，五（4）班亮相金帆音乐厅，他们的精彩演出获得交口称赞。班级合唱让更多的孩子走上更大的舞台，收获了更多的自信，实现了自主管理，班级荣誉感、团队意识也渐渐培养起来了。

最美天籁

彩虹合唱团的影响力越来越大。2018年7月，参加"第十四届中国国际合唱节"交流与测评，与来自59个国家的308支合唱团同台竞技，获得了世界最高级别"A级合唱团"的光荣称号，到欧洲比赛再次获得金奖。2019年7月，在"第十届中国魅力校园合唱节"比赛中，彩虹合唱团再一次大放异彩，荣获小学组合唱一等奖。听过彩虹合唱的人都夸他们的歌声令人沉醉。

彩虹合唱团的歌声为什么那么迷人？合唱团成功靠的是什么？在未来，彩虹合唱团要延续和扩大影响力靠什么？2020年新冠疫情期间，合唱团活动转变成远程在线居家学习，音乐组教师的时间相对比较宽裕，他们对此进行了深入的在线研讨。

彩虹合唱团好在哪里？音乐教师们和家长们用3~5个词或词组来描述，结果出现频率最高的几个词分别是自然、空灵、纯真、纯净、纯美、婉转、专业、表现力、天籁……如果只用一个词组来描述，大家选择了"最美天籁"。天籁，指自然界的各种声音，如风声、水流声、鸟啼声等。这个词较早的出处是《庄子·齐物论》，"女闻人籁而未闻地籁，女闻地籁而未闻天籁夫"，意思是说，与地籁、人籁相比较，天籁是音乐的最高境界。所以后来人们常用"天籁"或"天籁之声"形容自然、纯真、美妙的音乐。彩虹合唱团之所以成功，主要原因就是他们的艺术表现力非常强，表演非常自然，情感非常纯真，声音非常朴实干净。这就是我们心目中的最美天籁。合唱团要坚持和发扬这一优势，让最美天籁在校园中绵延回响。

而要真正做到这一点，要不断延续和扩大彩虹合唱团的影响力，我们能靠什么？对6年来合唱团发展的经历进行回顾，我们总结出以下三点未来可以依赖的成功经验。

首先，充分调动教师的积极性。教师是社团组织和课程实施的主体。教师的能力和积极性是影响课程质量的两大核心要素。但相对而言，积极性比能力更重要。许多名师荟萃的学校没有办成彩虹合唱团这样优秀的学生艺术团体，而我们这样一所地处北京郊区城乡结合部的普通学校却办到了，其重要的原因就在于我们拥有一支勤奋能干、朝气蓬勃的音乐教师团队。这些教师在合唱培训及学生综合艺术素养提升中所付出的努力，特别是在合唱团初建的时期，是一般人难以做到的。学校在整个过程中从物质、精神和专业上都给予他们有力的支持，激励他们做得更好。但归根结底，是这群年轻音乐教师的教育情怀和音乐教育梦想，吸引、鼓舞和凝聚他们，提供给他们不竭的动力。合唱团团长史老师现在已经是比较知名的童声合唱团指挥，回忆成长的经历，他说："当初我从昌平师范学校毕业分配到燕丹这所农村学校，说实话当时在专业提升上没有太多追求，觉得能上好课就行了。但生命教育理念和彩虹合唱团点燃了我的激情，我在经历风雨后终于见到了彩虹，真正找到了一名音乐教师的价值所在，那就是在合唱的道路上引领孩子们实现一个又一个突破，创造一个又一个奇迹，成就学生的同时，也成就了自己。"

其次，以彩虹合唱团为点，以全员合唱教育为面，以点带面，点面结合。这有点像竞技体育与群众体育的关系。竞技体育成绩代表国家在某方面的最高运动水平，而群众体育表现则代表了全面体育素质。竞技体育的荣誉很厚重，但只有竞技体育带动了群众体育，有广泛的群众体育基础，才能促进整个国家体育素质水平的提升。在我校合唱教育中，我们以彩虹合唱团为突破口，在取得一定成绩后将合唱教育普及到各个班级中，使之成为燕丹学校的特色课程。更重要的是，我们将这种以点带面、点面结合的社团发展经验推广到其他领域，有效促进了我校"体育夯实健康，阅读浸润心灵，艺术滋养生命，品格教育影响一生"办学特色的形成。

再次，家长群体的鼎力支持。家校合作是老生常谈的话题，但它在彩虹合唱团发展的各个阶段确实发挥了不可或缺的作用。彩虹合唱团起源于家长张联女士的牵线搭桥，她将"彩虹公益基金会"的支持引入我校，为学校艺术教育搭建了良好的发展平台。在彩虹合唱团的训练、彩排和演出等各种活动中，都少不了家长们跑前跑后的身影。彩虹家委会主席——朱婧怡同学和贾程研菲同学的妈妈，就是非常突出的代表。她们总是说："老师您什么都不用管，只管组织学生，剩下的事情交给我们家长。"她们总能把事情安排得井井有条，为每一次的活动出谋划策，出人出力。每一次演出，柳墨飞的妈妈都克服各种困难，带着她的单反相机，为孩子们留下了很多珍贵的回忆。2016年寒假，孩子们第一次出国演出归来，家长们自发组织了隆重的欢迎仪式。朱婧怡、柳墨飞、王月萌的妈妈和杨雅琪的爸爸买来很多各式各样的鲜花，孟羽芊的妈妈把爸爸妈妈们组织在一起，在学校的会议室开始分花、包装。几十把花束包装完毕，打扫完卫生，他们虽然很累，但是一想到他们将会把亲手包扎的鲜花送到孩子们的手上，就感到特别欣慰。2019年在成都参加比赛的时候，有个三年级的女孩子，由于第一次自己单独外出，不适应，一到晚上就哭，贾程研菲的妈妈怕影响老师休息，悄悄地把孩子接到自己的房间，像照顾自己的女儿一样照顾她，买的零食分成两份，自己孩子有的，那个孩子也有，一直带着睡了三个晚上，孩子不再害怕、不再孤单。这样的故事举不胜举，家长的鼎力支持和无私奉献，是合唱团大步向前走的巨大动力和坚实保障。这个大家庭里弥漫的是爱、是和谐、是温暖。

未来，我们会继续推广这些成功经验，让最美天籁响彻校园，让学校其他工作也再上新的台阶。

永远的精神家园

合唱团中有一个名叫柯蓝的男生，他在彩虹合唱团学习了四年，2018年暑期，因家庭原因不得不转学，离开了合唱团。没过多久，他给合唱团的师生们发来一段视频，视频中他抱着一把吉他，自弹自唱了一首他自己写的歌，叫《小别离》，歌词是这样写的，"天下没有不散的宴席，可我总是无法将你们忘记。那些美好的回忆，我时常想起。将来的某个时刻，我们还会相聚"。歌曲旋律优美，柯蓝的歌声也饱含深情。一个十几岁的孩子能创作出这样的歌曲，我们由衷地为他点赞。

史振飞老师说："每年六月的毕业季，我都不敢面对，孩子们离开合唱团，就像挖肝挖肺一样令我难受。"在陪伴孩子们成长的过程中，师生早已经形同一家人，那种不舍只有个中人才能体会。尊重每个生命，呵护美好童年，用歌声照亮每个日子，用艺术书写生命的传奇！彩虹合唱团的孩子们一茬一茬地毕业，但合唱团的歌声、孩子们的读书声、欢笑声却仍然在校园里回荡，永不消失。希望彩虹合唱团能成为燕丹学子永远的精神家园，永远鼓舞着他们绽放人生精彩！

点评

我曾多次去过燕丹学校。第一次听彩虹合唱团孩子排练，就被他们优美的歌声所吸引，以后每次听都有"此曲只应天上有，人间能得几回闻"的感觉。孩子们的歌声是那么地纯真、通透，情感表达生动、自然，声情并茂，令人沉醉。

北京市中小学仅北京市教委认定的金帆合唱团就有二十多个，基本上分布在各区县的名校之中。一所地处昌平区城乡结合部的普通农村学校，其合唱团能在短短数年时间比肩甚至超越这些金帆合唱团，在各种合唱比赛中脱颖而出，绝非易事。

王涵校长在回顾彩虹合唱团成立之初的经历时，说他们克服了三个方面的困难，或者形象地说，他们攻克了"三座大山"：学生缺乏音乐基础；教师专业素养不足；学校资源匮乏。可以说，每一座大山都高高耸立，难以征服。在我看来，最难以攻克的大山是第一座山，即学生缺乏音乐基础。教师专业素养不足，或可通过"招兵买马"，招募优秀教师来填补。学校资源匮乏，或可寻求区教委、财政部门或社会力量的支持。而学生音乐基础不好，只能靠音乐教师用心培养。音乐组教师在教研组长刘萍老师与合唱团团长史振飞老师的带领下，从单音视唱开始一点一点地教，愣是将这些零基础的孩子教成了优秀的合唱演员。他们流了多少汗，在背后又操了多少心，可想而知。燕丹学校了不起，这些音乐教师了不起，是他们将这些农村孩子和外来务工人员子弟带到了大舞台，演绎出精彩的曲目、精彩的人生。

彩虹合唱团的故事不禁让人联想起法国电影《放牛班的春天》。在这部电影中，一班在男子辅育院就读、经常制造各种麻烦的顽劣少年，遇到了怀才不遇，只好到辅育院做代课教师的音乐家克莱门特。与其他只要发现学生违规就予以严厉惩罚的老师不同，克莱门特认为孩子们内心是向善的，应该寻找一种方法引导他们的成长。有一次，他发现孩子们喜欢唱歌，虽然有点五音不全，唱的歌曲也很粗俗，但他决定用音乐走进孩子的心，引领他们的成长，于是成立了合唱团。在克莱门特的悉心教导下，孩子们的进步超乎想象，歌声婉转动听，获得了女校董的认可。孩子们的歌声和歌唱时专注的神情，让我们深切感受到音乐的力量，正是这音乐，这合唱团，促成这班顽劣少年的华丽转身，带他们开启了不同的人生。

电影插曲《风筝》这样唱道：[1]

  风中飞舞的风筝请你别停下，

  飞往大海飘向高空，

  一个孩子在望着你，

  率性的旅行，醉人的回旋，

  纯真的爱循着你的轨迹循着你的轨迹飞翔，

  风中飞舞的风筝请你别停下，

  飞往大海飘向高空，

  一个孩子在望着你，

  在那暴风雨中你高扬着翅膀，

  别忘了飞回我身旁。

  每个孩子都有渴望自由飞翔的心，也有无限的潜能。教育者就是要唤醒他们的心灵，释放他们的潜能。克莱门特老师做到了，燕丹学校的老师们也做到了。他们将这些城乡结合部的孩子送上世界大舞台，孩子们未来人生的路将越走越宽。

  当然，我们讨论燕丹学校的最佳实践案例，不是仅仅总结彩虹合唱团发展的经验，还要跳出合唱团，探讨学校如何构建适合学生成长的教育，真正"对每一个生命负责"，"让每个人成为最好的自己"。我以为，燕丹学校彩虹合唱团的实践告诉我们如下一些重要的道理。

  首先，眼中有人，育人为本。2010年《国家中长期教育改革与发展规划纲要（2010–2020年）》把育人为本作为教育工作的根本要求。这要求教育工作者要眼中有人，把学生放在教育的中心，将促进学生学习与发展作为学校一切工作的出发点和落脚点。中小学要深入研究自己的学生，识别学生群体与个人的发展需求，关心每个学生，为每个学生提供适合的教育。燕丹学校对自己的生源结构、特点与需求有深入的认识，所以找对了适合学生发展的道路。

  其次，相信学生，对学生抱有高期望。很多教育工作者都学习过皮格马利翁效应或罗森塔尔效应，知道教师期望对学生学习的重大影响，可是，在现实生活中，我们经常听见校长或教师抱怨自己的生源差，认为自己的学生不好。燕丹学校笃信每个孩子都是一个宝藏，都有自己的潜能，所以他们不遗余力地为学生鼓劲，为学生提供支持，正是这种信念成就了彩虹合唱团。

最后，积极进取，而不是怨天尤人。每所学校在发展过程中都要面临这样那样的问题，各种问题错综复杂，相互影响，不少问题一时难以彻底解决。于是，有些校长喜欢抱怨，总是等靠要。而燕丹学校不同，王校长抓住各种可能的机会，将本不属于自己学校的彩虹基金项目引入校园，将各种可以开发利用的资源都调动起来，创造性地攻克了各种困难，助力合唱团的孩子们走向世界舞台。

梦想有多大，舞台就有多大。每一位校长和教师都要有理想信念，有教育情怀，为构建适合学生成长的教育而努力！

参考文献

[1] 周筠.音乐的力量——难忘《放牛班的春天》[J].电影评介，2009，（22）：46–47.

第 12 章　课间十分钟

教育无小事，事事皆教育。中小学在学校改进中要"小题大做"，从细微处发现问题与解决问题，促进学校教育质量不断提升。在北京市昌平区昌盛园小学，因为地少人多，学校没有充分的空间来组织学生进行有序的课间户外活动，再加上低年级学生年龄小、天性活泼，所以出现了低年级学生课间"吵""跑""乱"等问题。针对低年级学生课间吵闹这件小事，在多方协商的基础上，学校确立"以静为主，动静结合"的处理原则，制订"轻松课间师生行为指南"，从细节上培养低年级学生良好课间行为习惯，取得了良好的成效。

学校基本情况

昌盛园小学，原昌平师范附属小学，始建于 1903 年，是一所底蕴深厚、规模较大且备受社会瞩目的百年老校。2004 年 10 月，学校迁址到寸土寸金的昌平科技园区，更名为昌盛园小学。校园占地面积约 1.4 万平方米，总建筑面积近 1 万平方米。学校现有 45 个教学班，1899 名学生，教职工 139 人，其中一线任课教师 119 人。在任课教师中，30 岁及以下 18 人，31~35 岁 15 人，36~40 岁 15 人，41~45 岁 27 人，46~50 岁 26 人，51 岁及以上 18 人；学历为研究生的任课教师 12 人，本科 97 人，专科 10 人；特级教师 1 人，市级学科带头人、骨干教师 8 人，区级学科带头人 16 人，区级骨干教师 20 人。学校遵循"立足六年，着眼一生"的办学理念，精心打造"尊重教育"

的办学特色，教育教学质量不断提升，在社会上享有盛誉，先后荣获全国创新管理改革品牌学校、全国教育科研兴教示范单位、全国可持续发展示范学校、全国家长学校教育实验区家长学校示范校、北京市金帆书画院、北京市金鹏科技团等称号。

校长简介

周晓芳（1970-），女，本科学历，高级教师，现任北京市昌平区昌盛园小学校长。作为"土生土长"的昌盛园人，她和干部教师们梳理学校办学历史，确立了"立足六年，着眼一生"的办学理念，着力构建促进师生可持续发展的学校文化，力争将这所百年老校建设成区域内外具有更大影响力的百年名校。

案例分享

喧闹的课间

昌盛园小学围绕"尊重教育"的办学特色，从尊重所有人（尊重自我、尊重他人）、尊重文化多样性、尊重自然、尊重科学等四大方面对德育工作进行整体规划，相继制定了《昌盛园小学尊重教育德育评价体系（试行稿）》《昌盛园小学文明班集体评估表》《昌盛园小学课间行为习惯要求》等文件，致力于培养学生的良好行为习惯，塑造"健康、乐学、博雅、创新"的昌盛学子。"教育无小事，处处是教育"，昌盛园小学从小事做起，从细节入手，扎实推动学生养成教育，德育工作受到家长们的好评。

2017年7月，我由教学副校长提升为昌盛园小学校长，全面主持学校各项工作。其中，德育工作中课间十分钟习惯的培养引发了我和德育干部的持续关注。有一天，我在早间巡视校园，"青青园中葵，朝露待日晞。阳春布德泽，万物生光辉"，孩子们早读时稚嫩甜美的声音响彻在楼道里，悦耳动听。当我走到一楼低年级区域的时候，铃声刚好响起，早读结束了，安静的楼道里顷刻喧闹起来，只见孩子们从各班鱼贯而出，有一拨学生边跑边嬉笑着争先恐后地奔向厕所，搞得另外一个班抱着作业本的小女生冷不丁地打了个转转，嘟着小嘴跑来找我告状。我正安慰这个小女生呢，耳边传来学校德育副校长沈老师的声音："这一地水是怎么回事？！"饮水机旁站着五六个拿水壶的孩子，一脸不知所措的样子，沈老师说："你们这么做不仅浪费了水，还容易让别人滑倒，下次注意哦！"一猜就知道，孩子们准是不好好接水，边接边玩，结果把水洒地上了。

> 听那叮铃铃的下课铃声送来十分钟，
> 来吧，来吧，来吧，大家都来轻松轻松，
> 让我们那疲劳的眼睛看一看蓝天，
> 让紧张的大脑吹进清风。
> 哦，你好，你好十分钟！
> 哦，欢迎，欢迎十分钟！
> 那下课铃声送来十分钟，
> 来吧，大家都来轻松轻松！

我的耳边响起《哦，十分钟》的旋律。这首由陈镒康作词、范真真作曲的歌曲，旋律优美，节奏活泼，是小学音乐教材中孩子们最喜爱的歌曲之一。歌曲描绘了轻松、欢快、和谐的课间生活，而现实中的场景却有些杂乱，与我校倡导的课间和言雅行要求不尽一致。

这种现象是偶尔发生还是普遍现象？我校学生课间十分钟是怎样度过的？是否存在亟待改进的问题？

在德育副校长沈老师的带领下，德育干部们对课间十分钟学生表现进行了为期一周的重点观察，并主持开展了一次班主任代表座谈会。调研发现，学生在课间十分钟的整体表现是好的，中高年级学生基本上能做到轻声慢步和有序活动，问题主要出现在入校时间不长的一二年级。低年级学生课间的不良表现可以概括为以下几种：（1）吵。有些孩子一下课就比较兴奋，说话时嗓门比较大，个别孩子大喊大叫，楼道和教室里显得有点嘈杂。（2）跑。

有些孩子在楼道中走路不能做到轻声慢步，个别孩子在走廊和楼梯上跑动，偶有碰撞现象发生。（3）乱。有的孩子规则意识淡薄，有的不遵守靠右行规定，有的在人多时不排队，有的在打水时把水洒地上。吵、跑、乱等问题虽然只出现在少数人身上，但这些问题叠加在一起，使得师生的课间生活体验不像歌曲中所描述的那样，亟待改进。

进一步分析，我们发现导致低年级学生课间十分钟比较喧闹的原因是多种多样的。

从客观上讲，人多地方小是重要的掣肘因素。昌盛园小学是区域内的优质学校，近几年新生入学人数不断增长，2016年我校招收261名新生，分6个班；2017年招收327人，分8个班；2018、2019年经上级政策分流缓解后，稳定在8个班，分别招收345和346名新生。学生数在增长，班额在增大，而办学空间没有任何扩充。此外学校的建筑设计也不太合理，楼道又窄又长，楼道长93.9米，宽却仅有2米；教室面积比较小，每间教室54.94平方米，明显低于《北京市中小学校办学条件标准》的要求；公共活动空间不足，一二年级所在的一层有两个公共活动区域，其中西厅面积36.08平方米，中厅面积56.59平方米，都不是很大。在这样的情况下，只要少数孩子吵，或者跑，课间十分钟就容易显得嘈杂。

从主观上分析，我校在"尊重教育"理念引领下的学生养成教育一直做得很扎实，但仍然存在可以改进的空间。首先，德育管理不到位。学校出台了不少常规管理制度，像《昌盛园小学课间行为习惯要求》已经对课间行为提出了具体的要求，但有的班主任对学生的教育仅停留在口头上，全员育人的理念没有得到深入贯彻，交叉检查没有落实到位。其次，班主任培训亟待加强。最近几年学校新教师比较多，低年级新做班主任的教师占一定的比例，他们在班级管理和养成教育上缺乏经验，需要加强培训，需要资深班主任的引领。另外，课间活动方式单调。除了在楼道读书区域看书、班级内聊天、为班级做事情等，孩子们在课间可做的事情似乎不多，旺盛的精力找不到合适的渠道释放出来。

当下校园安全备受关注，在校园空间有限的条件下，我们如何看待低年级课间喧闹现象，以及该怎样改善学生的课间生活体验，成为一个新课题。

要安静还是要热闹

针对低年级课间喧闹的问题，学校组织了低年级全体班主任工作会议。在会上，每一位班主任都自由发言，表达自己的观点，结果出现了两派针锋相对的意见。

一派人认为要对低年级课间喧闹的问题进行重点整改，要让孩子们在课间能安静下来，在楼道里要轻言细语，轻声慢步，在教室里可以休息，也可以做些轻松的游戏。这种管理不仅可以帮孩子将我校"尊重他人"的理念贯穿在行动中，而且使孩子可以养成规则意识，和言雅行，做文明少年。更重要的是，这种管理可以最大程度地减少学生间冲突和安全事件。持这种观点的以年长教师居多。

另一派人则认为安静一点是必要的，但不能太安静。低年级小学生贪玩好动，是天性使然，教师要顺应这种天性，而不是压抑孩子的天性。有教师指出，《中国青年报》社会调查中心对1908名中小学生家长进行的一项调查显示，75.2%的受访家长称身边中小学"安静的课间十分钟"现象普遍存在，很多学校和教师确实不允许中小学生课间外出玩耍，甚至不允许学生课间在教室大声说话、快步走路，课间安静得像上课一样，可这种现象受到一些专家与很多家长的质疑，不少人呼吁把课间十分钟还给孩子[1]，让课间十分钟热闹起来[2]。持这种观点的班主任多数是年轻教师。

在我看来，这两派观点其实并不是不可调和的，我们可以在安静与热闹之间选择一种中间状态，动中有静，静中有动，动静相宜，而不是"一管就死，一放就乱"。正如大教育家卢梭所言，没规矩是种天性，有教养是种选择。教育要顺应天性，但也不能放纵天性，教育应该促进孩子由一个只有天性的生物人，不断向有教养的社会人转变。

脑科学也支持这样的观点。我专门就此问题请教过脑科学专家。专家说，从脑科学角度来看，一个人大脑的工作效率不是一成不变的，会像生物钟一样呈现有节律的变化。在一个学习周期内，一般在靠近头和尾的阶段各有一个效率高的时期,中间有一个效率低沉期。低沉期时间在整个学习周期中所占的比例随学习周期的延长而加长,也就是说,一节课的时间越长,效率低沉期的时间也越长,总体效率越低。综合考虑各种因素,目前公认的中小学最佳课时长度为 40 分钟,每节课之间有短暂的休息时间。但需要注意的是,如果在休息期间学生过度兴奋,不仅课前准备会受影响,而且上课铃响后学生需要更长的时间才能进入学习状态,从而会在很大程度上影响课上的学习效率。

经过多次研讨与交流,班主任和德育干部基本上达成共识:课间十分钟应以静为主,然后是动静结合。动静的结合是相对的。一是说"动"并不是响天震地的动,动可以是不影响他人的轻松活动;"静"也不是绝对的安静,不是悄无声息,安静中可以有轻声交流。二是从整体安排上来说,"动"是相对于大课间、体育课、活动课等时间段而言,学校确保每个孩子每天锻炼 1 小时,低段小学生每周有 4 节体育课,每天上下午各有一次 30 分钟的大课间,孩子们可以在这段时间自由运动,彻底放松;"静"是相对于课间十分钟来说,这个时段孩子们主要用于上厕所、休息,以及简短的交流和放松。

把轻松课间还给孩子

以静为主,动静相宜,成为昌盛园小学处理课间十分钟的基本原则。我们需要歌曲《哦,十分钟》中描述的轻松课间,要把轻松课间还给孩子。

为寻找解决课间十分钟问题的有效策略,防止陷入"一管就死,一放就乱"的困局,我校开展了多轮咨询会议和专题研讨。2019 年 3 月,我们两次邀请"创新昌平·卓越校长领导力诊断与提升"项目组的理论专家和实践专家来校指导,专家们为我们提供了一揽子框架性建议。值得一提的是,4 月,我们听取专家建议,借鉴夏山学校的自治管理经验,参照北京市教委于 2018 年印发的《推进义务教育学校管理标准化建设实施方案》,遵循现代学校治理理念,让孩子和家长也参与到有关研讨中。

考虑学生在身心发展特点上的差异,我们分别组织一年级和二年级的专题研讨会,每个年级的研讨会由学生代表、家长委员会成员及所有班主任参加。学生和家长们对学校处理课间十分钟问题的基本原则表示赞同，同时基于学生视角和家长视角，对学校原有的《昌盛园小学课间行为习惯要求》提出了不少修改建议。

家长代表们最担心的是"一管就死"，他们希望学校不要只是加强制度管理和评比，而应强化正面引导，告诉孩子们课间应该怎么做，比如"走路轻声慢步靠右行"，或者"课间可以到教学楼内活动、说话，但要轻声慢步"。有家长还建议学校设置预备铃，这样学生即便到楼外玩耍，听到预备铃也可以马上赶回教室，不会耽误下一节课。

本来我们以为孩子们在这种会议上不敢发言，谁料他们也积极参与讨论，乐于表达自己的意见，且提出了一些很有意义的建议。有孩子说个别教师总爱拖堂，害得他们去厕所都时间紧张，建议教师们准时下课；有孩子说轮流值日管课间的同学有时不认真，对有的同学严格，对有的同学则装作没看见，得想办法改进；还有一个孩子指出，他们在课间要小声说话，可有的教师有时在楼道里却大声说话，甚至是批评学生，还有的教师在他们上课时穿高跟鞋从楼道走过，动静很大。

通过这种学生、家长和教师共同参与的研讨会，我们深切地体会到不同人群看问题的视角是不同的，利益诉求也不尽相同，决策时必须切实听取各种利益相关者群体的声音，而不是走程序般"征求"他们的意见。基于多种渠道收集来的意见与建议，学校德育处于2019年6月初修订了有关规则和要求，如下。

昌盛园小学轻松课间师生行为指南

为了给全体师生创造良好的课间环境，让大家享有安全、轻松、愉快的课间十分钟，学校特制订本行为指南。

（一）教师

1. 每一名教师不仅要以身作则，课间在教学楼内轻声慢步，轻言细语，而且在发现他人不良行为时要及时提醒和教育。

2. 教师要按时上下课，下课铃响后学生离开教室不必得到教师允许。

3. 每个课间，班主任或副班主任至少有一人在本班教室和附近楼道巡视，提醒学生和言雅行，及时处理突发事件。

4. 德育干部随机到教学楼内外公共区域巡视。

（二）学生

1. 下课铃响后优先准备下节课学习用品，然后去厕所。
2. 离开座位时将椅子移到桌斗下面，动作要轻。
3. 在教学楼内走路轻声慢步，即便路上没有人也靠右行走。
4. 上下楼梯也靠右走，一手扶好栏杆，不要将手放在兜里。
5. 说话声音要小，见到老师行队礼或点头礼，人少时可配合轻声问候。
6. 使用厕所、打水或找老师，人多时自觉排队等候。
7. 保持环境卫生，用水时小心烫伤，不要将水洒在地上。
8. 不在教学楼任何位置追逐、打闹、喊叫。
9. 轮值同学认真协助班主任做好课间管理。
10. 遇到疑问和困难，或与人发生冲突时，主动寻求老师帮助。
11. 预备铃一响，所有人返回教室，静候下节课开始。

相较于上一版有关课间行为规则的文件，这份文件有如下特点：

- 从要求到指南。原来的文件名为《课间行为习惯要求》，现在是《轻松课间师生行为指南》，减少了命令式语气，更多的是从正面引导师生行为。

- 从学生守则到师生共同遵守的公约。原来的文件只对学生行为提出规范性要求，而现在的指南也为教师行为提供指引，体现了师生平等，进一步落实了我校的尊重文化。

- 增加预备铃。这种安排可以减少学生对迟到的担心，也可以减少学生为避免迟到而在楼道内奔跑的行为。

● 从细节上完善规则。新文件中的每一条规则都经过反复讨论和推敲，比如见教师打招呼，以往学生都是大声向老师问好，现在提倡行队礼或点头礼，可在一定程度上降低楼道内的嘈杂程度。

指南颁布之后，每个班都在班里召开主题班会，宣讲了新的规则，对容易出现的问题做了进一步的讨论。除此之外，学校在加强常规管理的同时，还着力推动了以下几项工作：（1）改善大课间安排。丰富大课间活动，创新大课间活动形式，增加大课间活动的趣味性与吸引力，让孩子们可以在大课间充分活动。（2）落实全员育人。课间管理不只是班主任的事。德育干部要加强课间巡视，及时发现与处理各种问题。每位教师都是德育工作者，都要立德树人，在学生出现不良行为时给以提醒和必要的教育。（3）鼓励各班自主创编室内游戏。师生一起开发一些可以在室内开展的小游戏，比如拍手掌、比大小、猜单词，让孩子们在课间想玩时有的玩，玩得开心。

今年由于受新冠疫情的影响，学生们返校上课的时间比较短，但我们仍然欣喜地看到，课间喧闹的现象减少了，孩子们在课间有序地参与各种活动，欢声笑语——不是大喊大叫——时不时地回荡在教室和走廊里。孩子们的课间生活既安全又轻松，每次当我在课间走过楼道时，心中便会响起《哦，十分钟》的优美旋律。

（成稿时间：2020年7月）

点评

"细节决定成败"，很多人都熟知这个道理，但校长们在学校改进实践中关注更多的是顶层设计、文化建设、课程规划、教师培养等重大问题，从小事做起，从细节着手改进学校工作的，相对要少一些。

昌盛园小学周晓芳校长很细心，她带领德育干部和教师们针对课间十分钟开展研究，深入分析课间吵闹的问题及原因，然后在学生、家长、教师共同参与协商的基础上制定《轻松课间师生行为指南》，以小见大，给我们提供了一个在中小学改进学生管理与规则教育的生动案例。他们制定指南的过程带给我们三点重要的思考。

首先,规则由谁来定。在中小学,有关学生事务的规则通常由教师制定。当然,这种情况随着"以生为本"教育理念的推广已经开始有所转变。早在十多年前,我们在"塔里木油田职工子女教育"研究中指导项目学校教师(张福,2010[3])用班级公约代替原有的班级规则。原有的班级规则或学生行为守则,多是由班主任从多个方面对学生行为提出要求,学生不参与规则的制定,只是被动地接受,所以容易引发学生的抵触心理。而班级公约不同,它是班级全体成员应共同遵守的一种约定。在这里,班级成员不仅指学生,也包括在这个班级上课的班主任和其他学科教师。公约不仅约束学生行为,也对教师提出了要求。因此,公约是在师生共同参与讨论的基础上制定的,学生有机会参与规则制定。这样,学生更熟悉规则的内容,也更愿意认同和遵守这些规则。

在昌盛园小学,周校长借鉴夏山学校自治管理的经验,从现代学校治理理念出发,让学生和家长共同参与课间十分钟行为规则的制定过程。有些人可能会认为,低年级小学生年龄小,参与意识弱,让他们参与讨论他们也说不出什么有价值的想法,但昌盛园小学的努力让我们看到了孩子们真实的想法。而且,孩子们的感受、想法和建议值得我们倾听。先用耳朵听,允许孩子们说出自己想说的话;然后是用心听,在决策过程中真正考虑孩子们的意见与建议。

实际上,让学生参与规则制定和自主管理,不仅是一种先进的教育理念,也是有关政策的明确要求。教育部于 2012 年印发的《全面推进依法治校实施纲要》(教政法 [2012]9 号)要求,中小学要"提高制度建设质量",制定重要制度"要遵循民主、公开的程序,广泛征求校内外利益相关方的意见",可"采取听证方式听取意见,并以适当方式反馈意见采纳情况,保证师生的意见得到充分表达,合理诉求和合法利益得到充分体现"。北京市教委于 2018 年印发的《推进义务教育学校管理标准化建设实施方案》(京教基一 [2018]3 号)也指出,中小学要"建立健全民主管理制度,明确教职工和学生参与学校民主管理、监督的形式和途径"。中小学要加强民主管理，让学生、家长及教师等各种利益相关方能参与规则制定和决策。

其次，规则针对谁。在学校里，绝大多数规则是针对学生的。可学校是大家的学校，是学生的学校，也是教师和管理者的学校，所以学校的规则也应该指向教师。只有师生共同约束自己的行为，教师才能真正做到为人师表和以身作则，学生才能真正养成良好的行为习惯。在昌盛园小学的《轻松课间师生行为指南》中，我们欣喜地看到，这些行为指南不仅指向学生，而且对教师也提出了要求。

教师要求学生做到的，自己先要做到，正所谓率先垂范，以身作则。但现实中，教师希望孩子们在课间不要吵闹，可自己却在楼道里大声讲话，这种现象似乎司空见惯，而且大家也不以为然。在北京师范大学，经常有来自全国各地的中小学教师远道而来接受各种主题的培训。老师们的培训时间往往比较灵活，课间休息时间由主讲专家确定，通常与在校大学生的课间休息时间不一致。有些老师在培训课间休息时经常在楼道里大声说话，影响旁边教室里正在上课的大学生。有的教师还会在洗手间抽烟，令培训组织者很是头疼。由此可见，学生行为养成教育不能只顾着学生，老师的行为养成教育也很重要，对老师的行为进行约束和要求，才能深入有效地推动学生的行为养成教育。正所谓，教师能走多远，学生就能走多远。

最后，规则怎么提要求。规则必须具体，可是，有时候我们给中小学生提出的行为规则却比较抽象，操作性不够。2015年教育部颁布的最新一版《中小学生守则》力图克服这个问题，在保留"热爱祖国""热爱人民""热爱中国共产党""诚实守信""珍爱生命"等传统要求的基础上，新版守则补充了一些更具操作性、学生可以做到的具体行为规范内容，如主动分担家务、自觉礼让排队、不比吃喝穿戴等，引导中小学将规则教育具体化，使之落到实处。

在昌盛园小学，原来在文明班级评选规则中对课间行为有如下规定：文明休息不喊叫，教学楼内不奔跑，上下楼梯靠右走，互助友爱不争吵。这些规定看上去似乎已经比较具体，但还可以进一步具体化。在新出台的《轻松课间师生行为指南》中，我们可以看到一些更加细致，也更具操作化的表述，从细节上保障、促进与完善了行为养成教育。比如，指南规定，学生在课间要小声讲话，见到老师不用大声问好，只需行队礼或点头礼就可以，这在一定程度上减少了课间楼道中的噪声量。又如，指南还规定，学生在课间不要追逐打闹，要轻声慢步，在走廊和楼梯要靠右行走，即使走道中没有其他人也一律靠右，这就有效避免了有时学生没看见对方而相互冲撞的问题。这些规定不仅具有操作性，而且使有关规则更趋完善，使问题化解在萌芽状态。

举一反三，昌盛园小学和更多的中小学可以将上述思考与经验推广在各种校园事务处理过程中，让学校规则与制度更合理，也更具实效性。更重要的是，这种变革还会促进学校治理民主化，能更好地凝聚多种利益相关者群体，共同为学校改进和实现愿景而努力。

参考文献

[1] 王庆峰. 把"课间十分钟"还给学生 [N]. 南方日报，2019-06-18.

[2] 胡欣红. 让"课间十分钟"热闹起来 [N]. 四川法治报，2019-06-04.

[3] 张福. 班级公约制订与实施的反思 [J]. 中国教师，2010，(16)：13-15.

第13章 如何处理校园伤害事故

校园安全无小事。如果学校发生校园伤害事故，不仅会给学生本人及其家庭带来不同程度的不便、烦恼，乃至痛苦，而且会给教师、学校，乃至教育行政部门造成管理问题。在北京市昌平区天通苑小学，一起被投诉的学生意外伤害事件引发了学校管理者的思考。班主任为什么会被投诉？怎么避免类似事件再次发生？学校在深入讨论和专家咨询的基础上，强调"每个孩子都是家长手心里的宝"，要求教育者站在学生和家长的立场应对学生伤害事件。同时，学校还对伤害事故处理流程进行再造，实施多元主体责任、首遇负责制、班主任有限责任制、安全专员协调等创新性做法，在最大程度上避免可能遇到的各种问题。

学校基本情况

天通苑小学始建于2005年，位于昌平区最南端的天通苑大型社区内，是昌平区教委直属的一所公立小学。学校总占地面积29490平方米，建筑面积13575平方米，体育馆面积1323平方米。学校现有教学班50个，在校生1902人，其中京籍学生1046人。现有教职工144人，一线教师142人。教师平均年龄约31岁，其中30岁及以下83人，31~35岁21人，36~40岁24人，41~45岁9人，46~50岁3人，51岁以上2人。学校以"做健康、明理、乐学的现代中国人"为育人目标，提出了"快乐第一、学思结合、知行合一、终身发展"的办学理念，在办学实践中逐渐形成乐学特色。近年来，在市区两级教育行政部门的领导下,在《优化提升回龙观天通苑地区公共服务和基础设施三年行动计划(2018-2020年)》的助推下,学校多次被评为昌平区教育教学综合质量评价优秀学校,获得"全国青少年足球特色校""北京市中小学文明校园""北京市中小学文化建设示范校""北京市基础教育学生综合素质评价先进单位"等多项荣誉。

校长简介

张子路(1975-),男,硕士学历,高级教师,现任北京市昌平区天通苑小学校长。他至今已担任正职校长16年,是一名年轻的资深校长。在办学过程中,他始终坚持以学生和教师为本的教育理念,"让学校成为师生拥有最美好回忆的地方"。他多次荣获"优秀教育工作者""全心全意依靠教职工办好学校的好校长"等称号。现在他还受聘成为教育部学校规划建设中心中国教育智库网特聘专家。

案例分享

被投诉的学生意外伤害事件

校园安全与每个师生、家长和社会都有着密切的关系,受到社会各界的广泛关注。作为一所规模较大的学校,我校历来重视学生的安全教育,但也会偶有意外伤害事件发生。上学期,学校三年级就发生了一起,而且后来被家长投诉到12345市民热线。

某天早上,家豪(化名)到班后路过俊杰(化名)的课桌时,不小心把俊杰的卷子弄坏了,俊杰心里感觉很不舒服,课间不想和家豪玩。可第三节课间,家豪又过来找俊杰闹着玩,他用手拍打俊杰,俊杰想还手,家豪马上跑开了。俊杰作势去追,家豪在奔跑中脚一滑摔倒了,下巴颏正好磕到了一把椅子上,意外受伤了。

同学们迅速把事情原委报告了正在班里的班主任黄老师。黄老师查看伤口后,认为伤势不严重,就安排班里的另一位同学陪家豪去校医务室处理伤口。不到五分钟，家豪就从校医室返回。校医张老师给黄老师打了电话，说孩子伤口虽流血不多，但有点深，需要尽快联系家长。黄老师打电话联系家长，家豪妈妈说要一个小时才能赶到，想让老师带孩子先去医院。时间恰好临近中午了，是班主任看饭班时间，黄老师认为伤情不严重，就没有带家豪去医院，家豪和同学们一起在班里吃午饭。

12点半左右，家豪妈妈赶到学校，给黄老师打了电话，可黄老师当时在班里管学生没有接到电话。当黄老师看到后立即回拨过去，此时家豪妈妈电话却显示无法接通。黄老师知道家豪妈妈肯定已经来学校了，就让家豪自己下楼去了。妈妈接上家豪，就去中日友好医院处理伤口。此后，黄老师曾多次尝试给家豪妈妈打电话，但均没有打通。

下午，黄老师接到家豪爸爸电话，说孩子伤得很严重，缝了针，但错过了最佳时间，可能以后会留疤，而且说要看学校的监控。下午放学后，主管德育的王校长、班主任黄老师、派出所民警，和家豪爸爸一起查看了磕碰发生过程的监控录像。家豪爸爸看过视频后，什么也没说就离开了学校。王校长跟黄老师聊了一会儿，嘱咐黄老师做好与家长的沟通工作。晚上，黄老师通过电话、微信试图与家豪妈妈联系，仍均未接通。

第二天，学校收到区教委的通知，家豪家长拨打了12345市民服务热线，投诉班主任不认真负责，管理不到位。对此，学校高度重视。我马上与王校长、黄老师联系，了解事情的来龙去脉。我意识到黄老师在这件事的处理上确实存在不妥之处。尽管家豪受伤是意外伤害事故，但学校还负有对学生的保护和管理责任，特别是在校医已经提醒的情况下，黄老师应协调有关工作或人员，及时送学生到正规医院就医。

于是，我们迅速与家豪父母取得联系，邀请他们来校协商沟通。学校领导、班主任一起和家豪父母进行了面对面沟通。在沟通中，家长直言班主任黄老师工作不负责任，表现为三个方面：一是在家豪妈妈要求班主任先送医院时，班主任没有拒绝，可最后也没有送孩子到医院，影响孩子伤情处理；二是妈妈来接孩子时，班主任没有亲自把孩子送到校门口；三是事件发生后班主任没有打电话进行关心问候。黄老师承认自己工作上存在问题，"我自己不是医务工作者，当时没有料到伤口这么严重，以为只是普通划伤，确实没有重视起来。而且，当时正好我要看班（学生午餐），班里面还有40来个学生同时也要照顾，所以就没有送孩子去医院和校门口。后来，我给你们（指家长）也打电话了，但是没有接通，我如果发个短信或微信就好了。我确实做得不够好，我道歉"。我作为学校负责人也向家长做了解释，"黄老师是一名新班主任，工作经验有些不足，所以事件处理得不够周全，对此，我们表示真诚的歉意，也请你们谅解。今后，我们会加强对新任班主任的培训指导。接下来呢，咱们先治疗，落下的课程会有教师专门给孩子补上，治疗产生的费用由校方责任险给予报销。"

家豪家长对学校的处理意见表示满意。此后，班主任黄老师协调了家豪的补课安排，又多次与家豪家长电话沟通，有个周末还与家豪及家长专门见面，就家豪的学习和伙伴关系进行深入的交流。家豪的学习逐渐回到正轨，家校之间因一次意外伤害事件而产生的隔阂，也慢慢地消除了。

应该说，这次校园意外伤害事件最终得到较为圆满的解决，令我们欣慰。但同时，这次事件也为我们敲了警钟。在全社会对校园安全高度重视的背景下，学校该如何应对校园伤害事件，如何减少家长投诉，需要予以高度关注。

每个孩子都是家长手心里的宝

如何应对和处理校园伤害事件？有些人主张依法治教，以法治方式应对校园伤害事件。[1-2] 具体点说，就是依照《民法通则》《关于审理人身损害赔偿案件适用法律若干问题的解释》《侵权责任法》《学生伤害事故处理办法》（教育部令第12号），以及《中小学幼儿园安全管理办法》(教育部令第23号)等有关法律法规，明确学校和教师是否有过错及是否应该承担法律责任，依法依规处理。有些人则提议学校借鉴危机公关策略，当校园伤害事件发生，特别是家长提出异议或投诉之后，应该临危不乱、快速响应、坦诚相待、一种声音对外、掌握媒体主动权。[3]

但实际上，学校是教书育人的地方，面对校园伤害事件，除了依法应对和做好危机公关外，我们时刻不能忘记育人为本的理念。到底学校该怎么办才能既减少法律上的纠纷和管理上的麻烦，又不影响孩子的发展及家校合作的育人机制？借"创新昌平·卓越校长领导力诊断与提升"项目组下校指导的契机，我们请项目专家和部分校长对这一问题进行专题讨论。

"每个孩子都是家长手心里的宝""每个孩子都重要""一切为了孩子"，类似的话语在专题讨论中被多次提及，因为在场的绝大多数人已为人父母，都能设身处地地考虑家长们的感受。校园伤害事件，不仅对孩子的人身造成了伤害，处理不好还会给孩子的心理带来消极影响。所以，学校在面对伤害事故的时候，首先应该做的是关心、安抚和救治学生，而不是思考如何撇清责任或控制舆情。

"每个孩子都是家长手心里的宝"，提醒管理者和教师要心中有爱，要换位思考，要站在家长的角度上思考问题。心理学告诉我们，只要站在他人的角度，理解他人的内心感受，设身处地为他人着想，并把这种理解传达给他人，就容易化解沟通中的问题。同样，在处理校园伤害事件时，如果教师或干部能设身处地为学生着想，从家长的视角考虑问题，能以"假如我是这个受伤孩子的家长"这样的视角去思考和行动，将孩子的身心健康放在处理整件事情的首要位置，事件一定会得到妥善处理。

复盘三年级的这起意外伤害事件，可以发现，如果站在家长的立场上思考，家长认为班主任不负责任是可以理解的，哪个家长不希望自己的孩子受到人身伤害后得到关心，得到及时的呵护与救治？即便是成年人，哪个家长在子女发生突发事件后不希望得到安慰和关怀？反观作为教育者的我们，不仅没有理解家长的情感情绪，没有在意外伤害发生后及时做好沟通和救治工作，而且在家长投诉后仍然找各种理由为自己开脱，什么"自己不是医务工作者"，什么新班主任"工作经验有些不足"。现在看来，这种解释不仅于沟通无益，而且让人感觉不真诚，可能使事态升级扩大。我们不能只是在口头上说"我理解您作为家长的心情"，而应该用言行表明我们的理解和关切。

其实，在家豪从校医务室回来，医生嘱托班主任黄老师与家长联系后，黄老师可以这样做：（1）马上电话联系家豪家长，说明情况，并商定如何尽快送家豪去正规医院医治；（2）在家长无法及时赶到，且拜托老师帮忙先带孩子去医院的情况下，协调手头工作，由副班主任或其他同事临时看管午餐班，自己带家豪去医院检查和医治。如果协调人员遇到困难，可主动寻求德育处的帮助。（3）家长赶过来后，一定跟家长当面说明事情发生的原委及医治情况，把家长后续应该注意的事项交待清楚。（4）如果家豪请假在家养伤，跟家长保持联系，关心家豪的康复进展，并协调安排好课后作业和补课事宜，以免家豪耽误了学习。

我们有理由相信，如果班主任老师把每个孩子都当成宝，像对待自家孩子一样重视学生人身安全，站在家长的立场理解家长的感受，急家长之所急，遇到各种突发事件就知道该怎么办，会表达关切，会做好沟通，也会用行动呵护学生。

这次专题研讨会带给我们的最大收获，就是强化"每个孩子都是家长手心里的宝"和"一切为了学生"的教育观念，知道遇到校园伤害事件时要心中有爱，要站在学生和家长的立场思考问题，寻找最好的应对办法。

流程再造

应对校园伤害事故，有了换位思考，做到心中有爱，是不是各种问题就都可以迎刃而解呢？显然不是。好心办坏事，在生活中不是什么稀罕事了。那么，为更好地应对校园伤害事故，我们还需要做些什么？

北京师范大学教育学部赵德成教授给我们的建议是加强流程管理，启动流程再造。

1990年，美国麻省理工大学的管理学家哈默（Michael Hammer）教授在《哈佛商业评论》上发表一篇论文，题目是《再造：不是自动化，而是重新开始》，开创性地提出了流程再造的构想，自此拉开了流程管理研究的序幕。目前，流程管理已风靡全球，被誉为摆脱管理困境的重要途径。流程管理的核心是流程，流程是任何组织运作的基础，企业所有的业务都需要流程来驱动，流程把相关的信息数据根据一定的条件，从一个人（部门）输送到其他人员（部门），得到相应的结果以后再返回到相关的人（或部门）。对于一个企业来说，不同的部门、不同的客户、不同的人员和不同的供应商，都是靠流程来进行协同运作的。如果流转不畅就会导致这个企业运作不畅。同样的道理，企业内部某种特定业务的办理也需要加强流程管理，明确在业务办理过程中谁负责、负什么责，以及各责任主体之间如何交接、如何运转、如何为顾客提供优质的服务。随着学校管理研究的深入，流程管理逐渐被应用到教育领域，有些学校通过精致的流程设计来提高管理的实效性。

在天通苑小学，我们虽然已于2017年制定了《天通苑小学学生伤害事件处理办法》（以下简称《处理办法》），对教师在伤害事件处理中的职责提出了要求，但是当真正遇到学生伤害事件时，教师更多的是依赖自己的工作经验做出判断和处理，导致在很多流程上处理不当。在三年级这起意外伤害事件的处理中，对照《处理办法》，班主任黄老师在流程中存在不少问题，主要有：（1）学生受伤后，黄老师没有陪同学生到校医室就医；（2）校医给黄老师打电话告知学生伤情后，黄老师没有及时报告学校；（3）家豪家长在电话中请黄老师先将孩子送到医院治疗，黄老师没有及时向学校报告，协调有关安排；（4）黄老师没有亲自将受伤孩子交到家长的手中；（5）在跟家长打不通电话的情况下，黄老师没有通过其他方式（如短信、微信、家访）与家长取得联系，对事件处理的跟进和对孩子的关心不够。

这样看来，黄老师有不少需要改进的地方。但是，当我们基于这个事件的处理讨论流程再造时，有些班主任对流程设计提出质疑，意见主要集中在班主任负责制上。《处理办法》强调班主任在校园伤害事件中的责任，要求班主任全程负责和跟进事件的处理，不仅要带受伤学生去校医室、面见家长解释情况、事后关心伤情与学习，而且在必要时还要带受伤学生去外面的大医院。有班主任称自己在协调各项事务时有很多困难，比如临时找人看班或代课；有些年轻教师坦言自己现在去医院经常还要父母陪着一起去。班主任群体对什么事情都要班主任负责感觉压力太大，"不是我们不想做，'臣妾做不到啊！'"必须承认，目前班主任群体承受的压力比较大，为教师减负，给班主任减压，是学校应予考虑的重要问题。

为科学设计学生伤害事件的应对流程，我们专门邀请一位资深的国企管理专家进行指导。专家给我们提出了几条原则性建议：（1）服务导向。流程设计的最终目的就是为顾客提供优质服务，在学校，就是要以学生为中心，为学生的安全、健康、学习与发展服务。（2）责任明晰。要把事情处理好，必须明确责任主体，谁负责，负什么责，以及多个责任主体之间的关系如何处理，都要明确规定。（3）简捷高效。流程再造的目的是更快更好地解决问题，所以必须注意流程的简捷性，流程复杂了，管理成本就会增加，办事效率却会下降。

在这些原则的指导下，经过几易其稿，我们最终设计出一套新的校园伤害事故应对流程，参见图13-1。

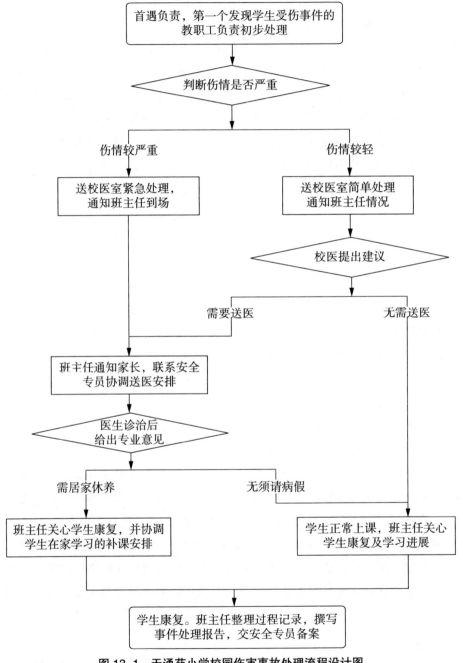

图13-1 天通苑小学校园伤害事故处理流程设计图

在这个流程中，有以下几点创新性做法：（1）多元主体责任。校园伤害事故的处理不能由某个人全程负责和全面负责，要寻找最快捷最有效的应对办法，要在处理中充分发挥不同主体的优势，提高事故处置效果。（2）首遇负责制。校园安全，人人有责。校园伤害事故发生后，第一个接触到事件和受伤学生的教职工不能因为自己不是班主任或任课教师而置之不理，要负起责任，负责将受伤学生送到校医室，并通知班主任到场。（3）班主任有限责任制。班主任接手后要负责与家长沟通、关心学生康复和学习、对学生进行安全教育等，但不负责送受伤学生外出就医。班主任不是负责所有的事，仅负责自己力所能及的事，这可以有效减轻班主任的心理压力。（4）安全专员协调。学校由专职安全管理干部作为安全专员，负责校园伤害事故，特别是送受伤学生外出就医及班主任协调不了的有关事务。校园伤害事故一般是突发事件，也很少发生，班主任一般缺乏紧急送医的经验，从职务上来说有些事务也不好协调。由安全专员专门负责校园伤害事故中的外出送医，可以更快地协调资源，更好地应对。

需要说明的是，如果校园伤害事故被投诉，或引发纠纷，安全专员要参与沟通协调，必要时我们还会请学校法律顾问介入。只要学校本着对学生负责的态度，心中有爱的教育情怀，校园伤害事故一般可以得到妥善处理，被投诉和引发纠纷的情况毕竟是少数，所以本流程图没有体现有关安排。

流程管理，重在实施。我们将整个流程管理文本和流程设计图发给全体教职工学习，并要求大家在以后出现校园伤害事故时按流程处理。当然，我们真心希望，学校做好安全教育和安全防护，不再发生任何校园伤害事件。

总结与展望

校园安全无小事。学校要高度重视校园安全，维护每位学生的人身安全与健康。一旦出现校园伤害事故，无论是责任事故，还是意外事故，学校都需要积极应对。在"创新昌平·卓越校长领导力诊断与提升"项目组的指导下，我们树立并强化了以学生为中心、一切为了学生、为学生成长服务的意识，并且通过流程再造探寻更加快捷、有效的应对办法。在未来，我们不仅会持续关注校园安全事故应对流程与办法的有效性,而且会举一反三,用研究应对安全事故的思路和策略,反思与改进学校其他管理工作,不断优化学校内部管理,进一步提升管理效能。

(成稿时间:2020年6月)

点评

每个孩子都重要。学校要确保每个孩子在校期间的安全。如果学生在学校组织实施的各种活动中,或者在学校负有管理责任的场地与设施内发生安全事故,无论学校是否存在过失,学校都要积极保护和救治受伤害学生,并及时告知监护人,与监护人保持有效的沟通。如果沟通或救治环节出现问题,可能导致家长的不满,严重时还会引发行政投诉乃至司法诉讼,使学校陷入十分尴尬的纠纷中。也正是因此,尽管校园伤害事故的发生率不是很高,但如何处理校园伤害事故,却是中小学管理者普遍关心的重要问题。

沟通是校园事故处理中的重要环节,很多纠纷的发生通常都与沟通不良有关。在本案例中,天通苑小学已注意到事故处理过程中家校沟通存在问题,强调"一切为了学生""每个孩子都是家长手心里的宝",希望班主任和管理者能"站在学生和家长的立场思考问题","理解家长的感受,急家长之所急",在事故处理过程中做好家校沟通。可以说,学校抓到了问题的关键。学校在以后可加强针对教师的沟通培训,提高教师的主动沟通意识与具体沟通技能。

我想起多年前的一次经历。有一天,我在腿部按摩后让师傅帮忙修脚。由于我的左脚大拇指曾经受过伤,指甲有些不规则,师傅刚开始修脚就把它给弄伤了,脚趾流了血。师傅止血后表达了歉意,并向我保证修脚用的剪刀都已经严格消毒过。我理解师傅的心情,他担心我向经理投诉,所以我也没说什么。等我修完脚出来到大厅的时候,刚好见到这家店的经理,我寻思要跟他提个建议,让他们当着顾客的面给修脚刀具消毒,这样可以让顾客更放心,用专业的话来说,就是改造工作流程。

"白经理,我今天修脚的时候脚给弄出血了。"我想先跟经理交代下提建议的背景。

"不可能吧?我们这店的所有员工可是严格经过培训的,不可能。"估计白经理怕我找他赔偿,所以他否认了我说的事件。

"怎么不可能,难道我没事找事儿?"我一边说一边脱了袜子给经理看,"你看,这血印子还在呢。"

"哎呀,这印子,没事儿,小事儿,过一会儿就好啦。"白经理还是在推脱责任。

"小事儿?"我有点不高兴,"那要是我感染了什么疾病怎么办?这怎么是小事儿?"

本来我是想跟经理提个建议让他们改造工作流程,帮他们优化工作设计,结果因为经理不会说话,我们争执起来,最后在我的要求下,经理写下字据,说明流血事件经过,并承诺报销我将去医院做检查的费用,如果感染了疾病,还要负责后续的治疗。

白经理一定也是经过培训的,知道"顾客是上帝",要从顾客的立场考虑问题,但实际沟通效果却十分不理想。一个重要的原因就是白经理在沟通中没有表现出同理心。所谓同理心,就是站在对方立场上理解其想法、感受和痛苦的能力[4],并把这种对对方设身处地的了解让对方感受到;通俗点说,就是换位思考和将心比心[5]。在我与白经理的沟通中,白经理满脑子想的是推脱责任,而不是同理顾客的感受。如果白经理有同理心,能理解顾客的心情,那么这次沟通可以是这样的。

"白经理,我今天修脚的时候脚给弄出血了。"我还是先交代提建议的背景,用同样的方式启动沟通。

"是吗?严重吗?要不要我带您去看看医生?"白经理心里知道每个顾客都怕因为出血而感染传染病,所以关切地问。

"不用,"只要顾客感觉到经理的同理心,绝大多数顾客会通情达理,我继续说,"这伤口也不是很大,没大事儿。但是,说实话,我还是担心传染病的问题。我给你们提个建议啊。"

"您说。"白经理一直在倾听。

"我建议你们以后当着顾客的面给刀具消毒,这样顾客就会放心了。"我把我的建议说给经理听。我的建议未必合理,经理也不一定非要采纳,但只要他让顾客把话说完,顾客也就不会找他的麻烦。

由我这番经历,不难发现,沟通是一种艺术,也是一门复杂的学问。我们只是告诉教师要站在学生或家长的角度思考问题还不够,还需要帮助教师掌握具体的沟通技能,提升沟通能力,切实改善人际沟通。

除沟通外,救治是校园伤害事故处理的另一重要环节。救治环节不仅涉及医学知识和护理技能,而且还需要协调校医室、总务处、医院等多方面的事务,相对而言难度更大,需要有清晰的处理办法和流程设计。天通苑小学在国企管理专家的指导下进行流程改造,在细节上完善了校园伤害事故处理办法,其中很多做法值得中小学广泛借鉴。

在天通苑小学校园伤害事故处理流程中,我最欣赏的一点是多元主体责任制。在绝大多数中小学,学校都强调班主任负责制,班主任不仅对于学生的校园安全负有管理责任,而且在校园伤害事故发生后的沟通和救治环节也要全面负责,这种制度安排无疑给班主任带来巨大的压力。目前,很多教师不愿意做班主任,与这种制度安排不无关系。而天通苑小学在新的事故处理流程中推行多元主体责任制,在事故处理的不同阶段、在不同情况下由不同的主体负责,班主任仅负有限责任。当学生受伤比较严重,需要外出就医时,学校安全专员负责协调相关人员和事务。

这种制度设计符合《北京市中小学校幼儿园安全管理规定(试行)》的要求。该文件指出,学校应"按照师生员工总人数800人(不含)以下至少配备1名专职安全管理干部;800人(含)以上每增加800人至少增配1名专职安全管理干部;学校参照班主任补贴标准给予专职安全管理干部待遇"。[6] 班主任有限责任制和安全专员协调制相互补充,相互支持,在很大程度上缓解了班主任的压力,也提高了事故应对的效果和效率。

安全无小事。感谢天通苑小学在校园伤害事故处理研究中贡献的管理智慧,但我们更希望,各有关部门(比如住房城乡建设部门、生态环境部门、公安部门、卫生健康部门,以及教育部门等)能齐抓共管、各负其责,最大限度地减少校园伤害事故的发生,让每个孩子都高高兴兴地上学,平平安安地回家!

参考文献

[1] 崔莉花. 未成年学生校园伤害事故中学校责任的法律思考 [J]. 延边教育学院学报,2014,(10):86-89.

[2] 王运钦. 以法治方式防范与应对中小学校园伤害事故 [J]. 内蒙古师范大学学报(教育科学版),2019,32(10):34-40.

[3] 邱明静. 企业的危机公关策略 [J]. 经济问题探索,2002,(6):79-82.

[4] Rogers, C. R. *A Way of Being* [M]. Boston:Houghton Mifflin,1980:85.

[5] 车文博. 当代西方心理学新词典 [W]. 长春:吉林人民出版社,2001:366.

[6] 北京市教委. 北京市中小学校幼儿园安全管理规定(试行)[Z/EB/OL]. http://www.beijing.gov.cn/zhengce/gfxwj/201909/t20190906_160052.html. 2019-09-06/2020-5-16.

第三篇 最佳实践案例的生成与应用

不是每所学校都能贡献出可以推而广之的最佳实践。学校改进最佳实践案例需要理论联系实际，既在理论上提炼出学校改进的规律，又能在欣赏式探究、标杆管理及案例教学中发挥积极作用，启发更多的中小学管理者在实践中有效解决类似问题。

第 14 章　最佳实践案例的生成

在学校改进过程中及时做好总结，提炼有效促进学校变革的最佳实践，生成能有效解决某一种实际问题的管理知识，可以让本校及更多学校借鉴这些经验改进学校工作，从而进一步完善学校管理，激发办学活力，改进教与学，并最终促进学生的学习与发展。实际上，学校无论规模大还是小，办学历史长还是短，办学条件好还是差，办学成绩是突出还是一般，在学校治理与改进实践中都可以提出解决某个或某种问题的好办法，生成可以被他人赞誉和借鉴的最佳实践。当然，最佳实践不是唾手可得的，在实践与案例写作过程中都需要管理者的智慧与努力。

问题意识

问题是研究的起点，研究始于问题。一项研究应基于问题而展开，要么是回答一些问题，要么是分析和解决一些问题。没有问题，心中没有疑问，也就没有研究。[1]学校改进就是一个行动研究的过程，从发现问题开始，到问题解决或部分解决结束，所以它也要以问题为起点而展开。有人说，学校改进始于目标，但换种角度来看，学校改进的目标就是回答实践中的疑问，解决实践中的问题。如果学校发展现状与未来发展目标之间没有差距，学校发展过程中没有需要协调多种力量与资源去解决的复杂问题，那么学校就不需要启动改进工作，只需按部就班推动工作即可。

在第二章，我们提出基于问题的学校改进模式，建议学校基于问题开展学校改进。这个模式包括如下几个主要步骤和环节：学校现状分析——问题识别与诊断——提出问题解决方案和行动计划——实施——进展评估——总结与反思。其中，"问题识别与诊断"是一个关键环节，只有学校明确需要解决的问题，提出问题解决的成功指标，才能确保学校改进的针对性与实效性。在第三章中，我们还推介了欣赏式探究模式，引导学校在发现自身"闪光点"的基础上探寻组织改进的新思路与新方法。需要指出的是，这些"闪光点"是学校有效解决了某种问题的最佳实践或有利于未来进一步解决某种问题的竞争优势，换而言之，"闪光点"是针对某种问题而言的，没有问题，也谈不上最佳实践或竞争优势。因此，强调问题的识别与分析，是有效学校改进的共同特点。

问题意识是生成学校改进最佳实践的前提，是必要条件。只有学校敏感地识别出学校发展中面临的重要问题，以问题解决为目标协调各种资源与力量，以研究者的姿态有序推动学校改进，才能找到问题解决的有效方法，才能促进学校的变革与质量提升，才能提炼出改进学校的成功经验，生成最佳实践。

研究能力

研究能力是一种综合能力。它不仅包括前文述及的问题意识，还包括提出研究假设、研究设计、研究实施、数据收集与分析、成果表达与交流等多种能力。从学会学习、发现学习、研究性学习的视角看，研究能力是学生发展的核心素养。我国自本世纪新一轮课程改革启动以来，就特别强调研究性学习能力的培养。在《教育部关于全面深化课程改革 落实立德树人根本任务的意见》（教基二 [2014]4 号）颁布之后，研究能力作为核心素养之一更是受到广泛的关注。

然而，由于长期以来我国基础教育领域教师"一言堂"、学生被动听，学生缺乏主动深度参与的问题比较突出，青少年学生乃至成年人的研究能力还有很大的可提升空间。中国科学技术协会中国科普研究所公布的《2018 中国公民科学素质调查主要结果》显示：2018年，我国18~69岁公民具备科学素质的比例为8.47%，比2015年的6.20%提高了2.27个百分点。在各省（直辖市、自治区）中，上海、北京两市的公民科学素质进入高水平发展阶段，公民具备科学素质的比例分别达到了21.88%和21.48%。但国际比较表明，我国公民的科学素质仍处于较低水平，即便是表现最好的两个直辖市，其水平也只是接近发达国家本世纪初的水平，比美国2004年24.5%的水平还低两个百分点以上。[2]

回到学校改进实践中，如果管理者和教师不具备良好的研究能力，也就难以提出能有效解决问题的行动计划，找到行之有效的问题解决办法。研究能力是学校改进最佳实践赖以生成的保障。

举例来说，有学校发现本校教师学习意识淡薄，理论素养偏低，因而不能及时发现教学实践中的不足并加以改进，所以提出以促进教师学习为目标的学校改进计划。学校计划采取的主要措施有：为教师配备专业期刊与图书；要求每位教师每学期要读两本以上的书，撰写不少于4万字的读书笔记；全校教师每学期共读一本书，由1名教师领读，其他教师撰写一份读书笔记；学校每学期举行一次优秀读书笔记评选。乍看上去，这一学校改进计划目标较为明确，行动方案具有很强的操作性，但如果从研究的视角来看，仍然存在一些亟待改进的问题。比如，这所学校的改进目标是促进教师学习与提高理论素养，但提高哪些理论素养，以及如何评价教师理论素养提升的程度，还需要进一步界定。只有准确识别教师群体在理论素养上的不足，清晰界定教师理论素养提升的指标，学校才能在改进一段时期后评估改进的实际成效。又如，这所学校提出的改进措施能否及在多大程度上能有效提升教师的理论素养，也需要反思。一名教师在学期末提供了字数达标的读书笔记，其理论素养就会有所提升吗？如果这些读书笔记都是简单摘录，教师没有结合工作实际进行深度思考，恐怕其理论素养提升是有限的。如果学校组织一次必学理论考试，要求教师必须达到一定的掌握程度，并组织基于理论思考的课例研究，让教师在教研活动中用理论指导实践，将理论与实践联系起来，预期将会取得更好的效果。

学校管理者和教师要有意识地提高研究能力，掌握行动研究的基本技能与要求，并能用研究者的眼光分析、反思与完善学校改进计划，得出具有说服力的研究结论与成果。这样形成的最佳实践才能令人信服，才能在实践中发挥引领、启发与推动作用。

实事求是的态度

最佳实践提供解决某种问题的最优方案。在学校改进领域，最佳实践通常以研究报告、管理案例、教育叙事或经验介绍等形式，讲述学校里发生的故事，分享解决某种问题、促进学校改进的成功经验。无论是结构比较严谨的研究报告，还是充满故事性的管理案例或教育叙事，最佳案例必须是非虚构写作。说得直白一点，就是不能胡编乱造，不能编造数据或故事，必须实事求是，求真务实。真实可靠、准确有效的数据，才能确保研究的信效度；发生在身边、不加渲染的故事，才能让叙事具有实证性，从中生发出具有实践意义的启示。[3]

我曾多次听到校长提出疑问，说他的某项研究成果曾经获得很高级别的奖励，但为什么至今仍无人问津。研究成果得不到推广的原因是多样而复杂的，但很可能与研究的真实性有一定关系。如果一项研究真实有效，能切实解决教育者棘手的某个问题，或者能在更短的时间攻坚克难，那么身边知情的人会不请自来，主动向研究者请教或直接使用相关研究成果。反之，如果研究中所描述的事件和做法含有虚构成分，所提供的数据与真实研究结果不符，或是经过选择甚至篡改，那么反映研究有效性的内在效度就无法保证，将研究成果推而广之的外在效度更是无从谈起。

最佳实践也是如此。如果一所学校的最佳实践是虚构的，无论是用来表明实践成效的证据，还是学校改进过程中的行动举措，只要有虚假、隐瞒或夸大，其实践意义与推广价值都将大打折扣。近年来，学术不端行为在高校受到越来越多的关注，中小学教育工作者也要引以为戒，在总结成果、提炼经验与生成最佳实践的过程中必须以事实为依据，坚持实事求是。

本书第二篇分享了十个学校改进的最佳实践案例。在案例选择与审稿过程中，为确保每个案例的真实性，我们要求案例提供者做到如下几点：

一是确保背景信息的准确性。最佳实践产生于一个特定的学校情境中。它能在多大程度上向更大范围推广，适合在什么样的学校推广，需要结合这所学校的背景信息加以判断。所以，在每一个最佳实践案例中，我们要求校长提供较为详细的背景信息，诸如学校的规模、班额、师资情况等，且确保信息的准确性。

二是真实描述学校改进过程。坊间流行一种说法是"七分靠做三分靠说"，意思是想做好事情要说做结合，不能只说不做，也不能只做不说。但问题是有人在汇报工作时"三分做七分说"，少做的事情多说，没做的事情也说，有些做了的事情又刻意隐瞒。这种不真实的表述是最佳案例的大忌。每个案例提供者必须确保改进过程的真实性，不能掩饰或虚构。

三是涉及人物时尽量提供具体信息。学校改进过程会涉及一些关键人物，传统案例写作中作者经常用"某人"或"A老师"一笔带过，而我们要求尽量提供一些具体信息。比如，第6章"谁来当教研组长"中，说有教研组长请辞，文中较为详细地介绍了第一个请辞的王老师的基本情况及请辞原因；又如，第13章"如何处理校园伤害事故"中，介绍该校发生的一起伤害事故时，我们要求将事故发生的细节描述清楚，让读者知道事件的前因后果。对人物的描写越细致，人物就会越鲜活，故事也更真实可信。当然，在提供人物信息过程中，我们也特别注意隐私保护，确保每一个相关者不会因为案例而受到不良影响。

四是对学校改进成效做客观分析。最佳实践必须是能有效解决某种问题的。一所学校的改进工作是否取得预期实效，问题在多大程度上得到解决，需要客观深入的分析。有些校长在描述改进成效时喜欢提供类似"多少学生在比赛中获奖"，或"多少教师的论文在评比中获奖"的论据，但实际上，这些结果与学校改进的关系不大，甚至可以说如果学校不推行案例中所言的核心举措，仍然会有师生可以获奖。对学校改进成效的分析必须提供有说服力的证据，有时候还需要经过同行评议或专家论证。

专业表达能力

学校改进最佳实践是在实践中做出来，但它还需要整理成案例，用文字表达出来，这样才便于固化为成果，并向更大范围传播。可是，要写出一篇好文章或一份好案例，并非易事。

《中小学管理》是一本以中小学管理者为主要对象的中文核心期刊。编辑部每月都会收到大量来稿，可编辑们经常为找不到令人眼前一亮的稿源而发愁。主编孙金鑫感慨道：为什么这么多优秀的教育人，想得好、干得好、讲得好，就是写不大好？[4]

作为一名教育经济与管理专业的大学教师，我也经常指导中小学校长实施行动研究，撰写研究报告或管理案例。恕我直言，我与《中小学管理》杂志社的编辑们有同感，能写出好报告的校长比较少。很多中小学校长能较为详细地讲述学校里发生的事，生动具体，但有时失之于浅显，要么理论支撑不够，要么对背后的道理和普遍的规律挖掘不够；有些校长在写作中还存在中小学生写作文时常见的问题，诸如"中心思想不突出""逻辑结构不清晰""前后缺乏呼应""文不对题""论述缺乏说服力"，等等；有的校长总想提升自身理论水平，于是模仿学者的文章，结果是"邯郸学步"，理论罗列很多，却说不透，自己熟悉的实践也没有讲明白。

校长如何写作？特别是学校在改进实践中已经成功解决了某种问题之后，如何将核心经验写成最佳实践案例？2019年，我曾经发表一篇题为《提升专业表达力的五项修炼》的文章[5]，这里，我在前面述及的几个观点基础上，再针对最佳实践案例写作提出五点建议。

问题聚焦

如前文所述，一项好的学校改进研究必须首先明确要针对的问题是什么，而且能在改进实践中切实解决这一问题。在案例写作过程中，问题是整个案例的核心线索，类似于一条线，将整个案例串起来。

首先，在最佳实践案例中简要介绍学校基本情况后要明确提出案例所针对的问题。这里的问题对应了英文中的 question，所以应该用疑问句来表述。比如，有人说要研究的问题是"教师工作士气的提升"，如果将其转化成如下疑问句，"当前，我校影响教师工作士气提升的因素有哪些？最迫切需要改进的地方是什么？怎样才能在短期内尽快凝聚与提升教师们的工作士气？"，那么学校要回答或解决的问题就更清晰，未来的改进研究也就更有针对性。

其次，研究方法、研究结果，乃至研究启示都要围绕着问题而展开。研究方法要具体说明如何收集数据回答或解决问题。研究结果则一一对应地回答前面提出的问题，这正如中小学生参加考试，一个学生要回答 5 道大题，那么每道大题的答案要分开写，而且在前面标明题目序号，不能将多个问题的答案混杂在一起呈现。研究启示要聚焦研究结果展开分析，提炼解决问题的可行办法，对未来本校如何进一步改进或其他学校解决类似问题提出建议。

一篇好的最佳实践案例不能是面面俱到的工作总结，也不能是浅尝辄止的泛泛而谈，必须聚焦于所要研究解决的问题。[6] 聚焦问题就好像语文教师要求中小学生在写作文时要做到"中心思想突出"一样，整个案例要针对什么问题，要怎么解决这一问题，未来如何更好地解决这类问题，必须围绕着问题说清楚。

框架清晰

框架清晰说的是整个文本的行文结构能否做到逻辑合理与结构清晰。不同行业领域、不同文体的文本对写作框架要求有所不同。一般而言，国际上对研究报告写作有一个大致的框架要求，报告正文通常包括导言（Introduction）、文献综述（Literature Review）、研究方法（Methods）、研究结果（Main Findings）和讨论（Discussion）等几个主要部分。最佳实践案例反映了学校改进的行动研究的过程，不用严格按照这个研究报告框架来写，但要参照它写作。我们建议，学校改进最佳实践案例写作框架可以大致如下：

- 学校基本情况。
- 问题聚焦／问题诊断与分析。
- 文献综述／已有相关研究与实践述评。
- 拟采取的改进方案。
- 行动过程。
- 改进成效。
- 反思／经验与教训。
- 下一步计划。
- 附件。

当然，这是一个建议框架，案例写作者可以不拘此格，根据学校改进的实际问题与行动过程加以调整。也正因此，本书所提供的十个案例，其框架都不太一样。

在写作框架上，需要注意的相关问题还有：（1）案例的核心要件必须具备，必须将学校基本情况与学校改进的背景交代清楚，并对要解决的问题及解决过程做重点介绍。（2）必要时增加二级标题，使整个行文结构更加清晰，但一般不要提供三级标题，更不要提供四级标题，否则整个案例会显得过于复杂。（3）文题要对应，每一个标题下的内容应与标题保持一致，至少具有一定的相关性，不能"挂羊头卖狗肉"。（4）正文每个段落最好先有主题句，然后再展开叙述或分析。

做好提炼

最佳实践案例要把学校改进实践中的成果、经验或教训提炼出来，让经验反映具有一定普遍性的规律，实现意义升华。[7]这种提炼不是"王婆卖瓜，自卖自夸"，而是将学校的关键经验以制度、流程、文化等形式，在学校内部固化下来，成为引领或促进学校未来发展的积极力量。同时，这种提炼对于其他面临类似问题或有相似发展目标的学校而言，可以带来丰富的启发，让他们在学校改进中不用再"摸着石头过河"，而是"站在巨人肩膀上"，借鉴案例学校的经验更快更高效地解决问题。

要做好提炼，需注意以下几点：（1）提炼真经验。学校要善于抽象概括，将碎片化的事件进行结构化处理，从真实经历的改进实践中提炼经验，而且提炼出来的经验要能切实解决实践中的问题，不能无中生有地提炼，不能装腔作势地"唬人"。（2）逐条列举核心经验。一次复杂的学校改进过程，通常可以生成多条核心经验，要逐条列举，用一个短语或一个陈述句将每条经验概括出来，让人能一眼看到，而且有眼前一亮的感觉，而不是淹没在文字中，让读者自行寻找和提炼。（3）经验要具有操作性。如果最佳实践提供的经验都是空洞的说教，要么这个最佳实践是假的实践，要么就是案例还没有把核心经验归纳出来，需要进一步提炼。好的经验要具体可行，这样才有价值，才值得别人学习。（4）说明经验适用的条件。没有放之四海而皆准的问题解决办法，每一项经验都有其适用条件。案例在提炼出经验后，还要说明其适用条件，说明在不同条件下借鉴这条经验可能面临的挑战和注意事项。

叙事化写作

最佳实践案例介绍的是学校改进的行动研究过程，在写作上有点类似于写记叙文，要采用叙事化风格，讲好学校改进的故事。

有人将案例写作可以采用的风格归纳为三种，分别是作家讲故事风格、记者报道风格、学者分析风格。[8]三种风格都强调叙事化写作，只是作家风格更强调案例的故事性，用情节吸引人；记者风格更强调事件的真实性，从细节上客观描述案例发生的经过；学者风格则更强调案例的理论性，采用夹叙夹议的方式对案例做理论性分析。写作者在撰写学校改进最佳实践案例过程中也可以综合多种风格。

需要注意的问题有：（1）明确叙事主体。有些案例习惯于采用学校这个机构作为叙事主体，以"我校"作为叙事主体，有时候让人感觉比较死板，缺乏亲切感。如果以案例的写作者为叙事主体，以"我"作为一名校长，或者一名普通教师的身份叙说自己的观察、经历、感受和思考，与读者进行深度的对话，文本可能会更具吸引力。（2）心中有读者。明确叙事主体，解决了谁在叙说的问题，而心中有读者说的是向谁叙说的问题。写作者一定要明确案例的受众群体，要在案例中与读者对话，好像读者就坐在我们面前一样，不能"目中无人""面无表情"地自言自语，要说读者能懂的语言，要重点讲读者期望听的内容。（3）加强可读性。可读性是任何一个最佳实践案例发挥影响力的前提。一个案例只有具有可读性，能激发读者的阅读兴趣，吸引读者读下去，才能让读者了解学校的改进故事，并进而学习与传播学校的核心经验。

字斟句酌

做好学校改进，在实践中切实解决具体问题，需要校长和教师具有良好的领导力、问题解决能力、批判性思考能力，以及研究能力等。写好学校改进最佳实践案例，不仅需要上述各种能力，还需要写作者具有相当的书面语言表达能力。中小学校长和教师在读书求学阶段都经历了比较严格的写作教育，有的甚至有多年的语言教学经验，但在案例写作中也要字斟句酌，确保文从字顺。

案例写作中要避免的问题主要有：（1）滥用感情色彩。案例写作一般要保持价值中立，用客观中立的态度介绍学校改进过程及成果。当然，写作者在案例中不可能完全隐没自己的价值追求，总会在一定程度上显露自己的感情色彩，但要尽量减少修辞，避免使用感情色彩过于强烈的词语或句子[9]，如"强烈反对"或"好评如潮"等。（2）语言华而不实。案例是一种实用文体，与小说、散文不同，所使用的语言要朴实简练，通俗易懂。有些人在案例写作中喜欢使用华丽的辞藻或生僻的字词，看上去好像有很好的文字功底，但却在无形中增加了读者的认知负荷。（3）存在错别字和病句。写一篇5000字左右的案例，出一两处语病情有可原，但如果错别字或病句太多，就会影响读者的心情，也无法有效表达作者的思想和观点。在我多年指导各种论文的过程中，修改语病真是浪费我不少时间。案例写完后作者必须反复修改，消灭错别字和语病，做到语句通顺，文从字顺，文质兼美。

没有最好，只有更好

世界上没有"放之四海而皆准"的理想化问题解决方案，所以本书采用相对宽松的标准定义学校改进的最佳实践，只要在某种情境下能相对较好地解决某种问题的实践就可被认定为最佳实践。从这一意义上来说，每一个最佳实践都是相对的。一方面其所提供的核心经验可能只是相对好地解决了问题或部分问题，并不是完美地解决了某个问题——事实上，学校所面临的问题都比较复杂，比如教师激励、学生学习方式转变，几乎难以找到能彻底解决这些问题的答案；另一方面，其所提供的核心经验是在某种特定情境下发挥作用的，换一种情境，甚至仍然在同一情境下但某些条件发生了细微变化，也可能效果就不如预期。

但同时我们也确信，最佳实践的实效性可以不断提升，外推效度也可以不断扩大。所以，我们要用动态、发展、变化的眼光看待最佳实践，也就是说最佳实践案例的提供者与借鉴者要持续开展研究，在实践中探寻更好的问题解决办法，生成更具启发性的最佳实践。更大范围内更多的学校行动起来，大家相互启发，共同推动学校改进，一个大型的学习共同体形成了，更多更好的最佳实践也就会不断涌现。

参考文献

[1] 赵德成. 教师成为研究者：基于课例研究的分析 [J]. 教师教育研究，2014，26（1）：75-80.

[2] 中国科普研究所. 2018 中国公民科学素质调查主要结果 [R/OL]，https：//www.crsp.org.cn/uploads/soft/180919/1-1P919200S4.pdf，（2018-09-19）[2020-12-04].

[3] [5] 赵德成. 提升专业表达力的五项修炼 [J]. 中小学管理，2019，（6）：10-13.

[4] 孙金鑫. 改造我们的文风 [J]. 中小学管理, 2018, (1): 1.

[6] [7] 谢凡. 走向理实相融的专业写作 [J]. 中小学管理, 2020, (11): 62.

[8] 张东娇. 比较视野中的中国"案例教学"——基于毅伟商学院案例教学经验的分析 [J]. 比较教育研究, 2016, 322 (11): 71-77.

[9] 罗生洲. 学术语言的"忌讳" [J]. 青海气象, 2018, (4): 120.

第 15 章　最佳实践案例的应用

在学校改进领域生成最佳实践案例，如果只是对过往进行总结，对成功给以赏识，显然是不够的。要充分发挥最佳实践的积极作用，案例学校可以采用欣赏式探究方式，在最佳实践基础上举一反三，探寻其他问题的解决方案，促进学校在高水平上进一步发展；其他学校可以实践标杆管理思想，借鉴案例学校的核心经验改进自己的学校，并在实践中创生出更多更好的问题解决办法；大学与学校管理者培训机构可以将最佳实践案例转化成教学案例，推动案例教学，有效促进管理者领导力的提升。

再提欣赏式探究

欣赏式探究是由库珀里德与其合作者在 20 世纪 80 年代提出的一种组织改进方法。本书第三章曾对这种方法做过介绍。这种方法提供了一种看待人与事物的新方式。它不仅是一种世界观，也是一种在群体、组织、社区中促进积极变革的过程。它的理论假设很简单，每个人、每个群体，或每个组织都有其优势，都有做得正确与做得好的地方，都有成功的经验。欣赏式探究通过识别这些"闪光点"，并利用它们提出鼓舞人心的愿景，为员工赋权增能，引领变革行动。在欣赏式探究中，管理者不再用眼睛盯着问题，而是用欣赏的眼光发现员工、群体和组织的闪光点。在相互欣赏与合作探究中，每个人可以更加愉快和高效地工作，从而促进组织改进。

欣赏式探究提出了一套全新的管理哲学，也构建了一个具有操作性的组织变革模式。这个模式由发现（Discovery）、构想（Dream）、设计（Design）和实现（Destiny）四个环节构成，各个步骤之间相互依赖、相互促进，并且循环往复。因这四个步骤的英文单词首字母均为 D，所以也称 4D 循环模式，参见图 15-1。

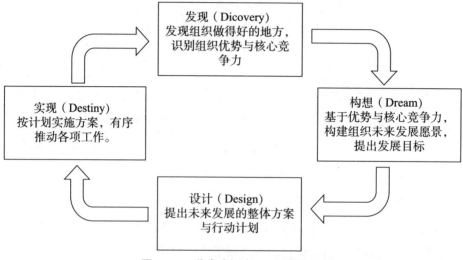

图 15-1　欣赏式探究 4D 循环模式

在学校改进最佳实践中，困扰学校的问题得到有效解决，好的做法被提炼出来，学校的优势与核心竞争力也逐渐形成。案例学校可以采用 4D 欣赏式探究模式进一步发挥这些优势，将这些优势放大，引领学校向更高更远处发展。在各个阶段，学校需要重点思考的问题如下。

● 发现：学校改进最佳实践中的核心经验是什么？这些经验可以在另外哪些领域发挥作用及怎样发挥作用？

● 构想：利用最佳实践中的核心经验，学校在未来可以做点什么？可以构建怎样的发展愿景？战略目标与近期目标分别是什么？

● 设计：在共同愿景的激励下，学校在未来需要做些什么及怎么做？如何用好最佳实践中的核心经验？中长期与近期工作计划是怎样的？

● 实施：各项工作推动得怎么样？最佳实践中的核心经验发挥作用了吗？工作是否需要调整？在工作过程中又生成了哪些新的经验？

以本书第12章中的昌盛园小学为例，基于"课间十分钟"这份最佳实践案例，采用欣赏式探究策略，该校提出在"十四五"规划中充分调动学生、家长、教师等各种利益相关者群体参与，凝聚共识，形成共同发展愿景，推动这所"百年老校"向"百年名校"发展的新计划。大致流程如下。

● 发现："课间十分钟"最佳实践案例中成功的经验可以概括为以下几点：遇到问题不要急于做出判断，先要对利益相关者群体进行深入的调研，有调研才有发言权；学生管理制度不能完全由教师说了算，要听取学生乃至家长等利益相关者的意见；加强学校管理民主，推动学校治理现代化，让更多的利益相关者参与学校制度建设与学校改进，可以使各项制度与举措更好地平衡各方诉求，把工作做得更好。

● 构想：在学校治理现代化理念的启发下，学校可以在"十四五"发展规划中发扬管理民主，让学生、家长、教师、教研员等多种利益相关者群体充分参与学校发展规划工作，让大家更关心学校发展，更好地达成共同愿景，将昌盛园小学这所"百年老校"建设成"百年名校"。

● 设计：学校在现状分析中，通过问卷、访谈、头脑风暴、参与式研讨等多种方式，最大程度上听取各种利益相关者对学校发展现状的分析意见，明确学校发展的S（优势）、W（不足）、O（机遇）和T（挑战），识别学校未来发展需要优先关注的事项。对于学校未来发展的愿景、理念与战略，学校也将在广泛听取多方意见的基础上，经反复讨论和征求意见后确定，描绘各方广泛认同的学校发展共同愿景，提出能凝聚各方力量、引领各方行动的办学理念，制定体现要事优先、真抓实干原则的发展战略。

● 实施：学校拟定操作性的行动方案，并在实施过程中及时发现问题，及时调整与优化行动方案，凝聚各方共识，落实学校发展规划。

将学校改进最佳实践与欣赏式探究结合起来，可以促进学校扬长避短，取长补短，越做越好。管理者与教师在最佳实践的基础上"举一反三"，将核心经验推广到更多的工作中，不断解决工作中面临的老问题与新问题，生成新的最佳实践。学校"逢山开路"，"遇水搭桥"，一个充满生机与活力的可持续发展态势也就形成了。

标杆管理

标杆管理（benchmarking）起源于20世纪70年代末80年代初美国向日本学习的运动。第一个运用标杆管理的公司是以生产销售复印机而闻名的施乐（Xerox）公司。1976年后，一直保持着世界复印机市场占有率绝对优势的施乐公司遇到了来自日本竞争者的全方位挑战。佳能、NEC等公司以施乐的成本价销售产品且能够获利，产品开发周期、开发人员也分别比施乐短或少50%，施乐的市场份额从82%直线下降到35%。为化解竞争威胁，施乐公司发起向日本企业学习的运动，启动竞争性标杆方法（Competitive benchmarking）。施乐公司从生产成本、开发周期、营销成本、零售价格等领域，找出一些明确的可衡量标准，然后将施乐公司的表现与佳能等主要竞争对手进行比较，找出其中的差距，通过调整经营战略与改进业务流程，很快缩小差距，把失去的市场份额重新夺了回来。[1]此后，西方企业纷纷学习借鉴施乐公司经验，标杆管理逐渐成为企业战略规划与组织效能改进的重要方法。

标杆管理可分为五个阶段，分别是：（1）决定向标杆学习什么。组织要对自身发展现状进行分析，明确组织发展需求及迫切需要解决的问题，从而界定标杆学习的主题与方向。（2）组成标杆学习团队。实施标杆管理的主体多数是组织，所以大多数标杆学习是通过团队行动推动的。学习团队成员要有明确的角色以及责任。（3）选定标杆学习伙伴。以谁为标杆，向谁学习，是标杆管理成败的关键。一旦标杆确定，组织需要明确相关资讯的来源，选定学习伙伴，包括标杆组织的员工、管理顾问、分析人员、商业伙伴等。（4）搜集及分析资料。学习团队从多种来源收集各种有用信息，对资讯进行摘要分析，然后基于组织发展需求，给组织提出行动建议。（5）采取改进行动。在改进过程中，学习团队不断分析改进中的进展与不足，对改进方案进行优化，以确保标杆学习的成效。

不难发现，标杆管理就是寻找和研究优秀组织的最佳实践，以此为标杆与本组织的现实情况进行比较，明确差距，然后系统改进组织工作流程与效能，使自己的组织得到不断改进，成为或赶超一流组织，促进组织效能提升。其核心是向业内或业外的最优秀组织学习，通过学习他人的最佳实践改进自己的生产或经营实践，并创生出自己的最佳实践。

从这一意义上而言，学校改进最佳案例为更多学校分析、解决所面临的问题提供了标杆，对促进学校间相互学习、共同发展做出了不可低估的贡献。就拿本书案例学校所在的北京市昌平区来说，这些最佳实践在区域内分享之后在各中小学引发强烈反响，他们开始谋划如何以这些最佳实践案例为标杆，分析与解决本校面临的问题。比如，有的学校以第 7 章崔村中心小学推动绩效工资改革的最佳实践为标杆，在广泛听取教师意见与岗位价值分析的基础上重构教师绩效工资方案。又如，有的学校以第 9 章崔村中学以学评教，教学相长，改善教研活动的最佳实践为标杆，在全校各年级推动生本教学改革，引导教师加强学情分析，使教学真正响应学生的需求，促进学生的学习。

有标杆管理的思想，学校不再是关起门来办学，不再只顾低着头走路，而是在遇到问题或规划未来时，抬头寻找标杆单位和最佳实践，向高处谋划，向远方前进。分享、研究与学习学校改进最佳实践这一努力，必将在很大程度上推动更多学校的共同发展。

案例教学

案例教学（teaching with the case method，也称 case method teaching）是一种注重讨论、互动与启发的教学方式，它通常给学生提供一个过去发生的案例，将学生置于决策困境，让学生通过研讨提出问题解决方案。这种教学方法最早起源于美国哈佛大学。1870 年，哈佛法学院院长兰德尔（Christopher C. Landell）首次将案例引入法学教育。19 世纪 90 年代，哈佛医学院开始引入案例教学方法。案例教学法在法律和医学教育领域中的成功激发了商业教育领域的探索。1921 年，哈佛商学院正式将案例教学法引入商业教育领域。经过推广，案例教学法已成为最有效的教学方法之一，在全世界范围产生了广泛而深远的影响。

近些年来，我国高校也在工商管理硕士（Master of Business Administration，MBA）、公共管理硕士（Master of Public Administration，MPA）、教育管理专业硕士等相关专业教育实践中，加大案例教学的推广力度。以华东师范大学MBA教育为例，他们已经将案例研究与教学渗透到学员的各个培养环节，MBA核心课程教学中至少有四分之一的时间用于案例教学。[2]

选择一个好的案例，在案例教学中很重要。一般来说，好案例具有以下几个特点[3-4]：（1）真实性。案例必须取材于工作实际，不是凭借个人的想象力和创造力而杜撰出来的产品。（2）情境性。案例中的事件发生于一定的时空框架之中，一定的社会情境脉络中。（3）综合性。一个好的案例通常比较复杂，需要动用管理学、心理学、社会学、法学，或政治学等多个学科的理论进行综合讨论，或者需要从多种利益相关者的视角进行整合性分析。（4）冲突性。只有案例所涉及的问题具有冲突性与争议性，才可能激发学生思考与讨论。冲突性是一个好教学案例的必要条件。（5）典型性。案例是由一个或几个问题组成的，具有一定的代表性，是许多个体或组织共同面临的困境。（6）启发性。教学中所选择的案例通常能对很多个体或组织具有启发性，能启迪参与者的思考，能促进参与者复杂决策能力、问题解决能力及领导力的提升。

如此看来，学校改进最佳实践案例稍加转化就可成为案例教学的材料。在最佳实践案例中，作者不仅介绍了学校的基本情况等相关情境信息，呈现了学校改进前或改进初期所面临的困难或问题，而且分享了他们经过实践探索找到的问题解决方案。我们可以将最佳实践应用于案例教学，具体做法是将案例中学校改进过程与结果隐去，只保留案例的前半部分，呈现学校改进前所面临的困境，让学生——通常是有志于研究教育管理或成为教育管理者的人——通过互动与研讨，探讨解决问题的方法。有时候，我们也可以将最佳实践不加修改地全部呈现给学生，让学生对案例学校解决问题的方案进行批判性分析，或让学生讨论如何将最佳实践应用于不同的学校情境，这也是一种很好的教学策略。

当然,案例教学的组织实施也很重要。同样的案例,不同的人用不同的方式组织案例教学,效果可能大相径庭。哈佛商学院罗兰·克里斯滕森教学中心指出,案例教学是"管理不确定性的艺术",教师要转变教学方式,充当好策划者、主持人、代言人、促进者、同学、法官等多重角色。要充分发挥学校改进最佳实践的价值,在案例教学中,教师还要注意以下几点[5]:

- 充分准备,包括明确的教学/学习目标、重点提问学生名单、开放性问题、讨论的方式方法、各环节间过渡、后续问题和结束语等。
- 在整个课堂讨论中仔细聆听。
- 积极引导班级的讨论,注意发言的均衡性,同时对学生意见给以灵活的反馈。
- 提出具有挑战性的问题,必要时机智地追问,以提升讨论的深度与质量。
- 激发学生之间有思想深度的讨论,鼓励更广泛的学生参与。
- 基于学生背景信息引导课堂讨论。
- 在讨论、课堂和课程结束时做好总结发言。

建立最佳实践推广机制

最佳实践不仅面向过去,总结过去学校改进中的核心经验,欣赏学校的努力、进展与成就,而且面向未来,启发案例学校与更多学校借鉴最佳实践中的核心经验,更好地推动学校改进,促进学校发展。

一般而言,很多学校注重工作总结,能发现学校改进中的最佳实践。有些学校为创建学校品牌,扩大学校影响力,还会主动宣传最佳实践,在名校办分校、集团化办学,或学校结盟发展过程中推广最佳实践。但更多的学校还是习惯于关起门来办学,学校中的有些最佳实践没有及时总结,更没有向更多学校推广。正如每个人都有优点一样,每所学校在发展中都可以生成解决某种问题的最佳实践,都可以通过分享与推广机制带动更多学校的发展。

所以，有关部门应重视学校改进最佳实践推广机制的建立。第三方可以在最佳实践推广中发挥重要作用。第三方可以是教育行政部门，也可以是教育研究机构。相对而言，跨地区的教育研究机构独立性更强，也能在最佳实践认定与推广中建立权威性。

中国专业学位案例中心（以下简称案例中心）可以作为建立健全最佳实践推广机制方面的标杆。案例中心是由教育部学位与研究生教育发展中心设立，联合相关专业学位教育指导委员会共同建设的公益性、非营利性机构。案例中心遵循"广泛征集，资源共享，公益为主，成本分担"的原则，致力于建设我国相关专业学位类别最全、特色明显、被广泛认可，并具有一定国际知名度的国家级专业学位教学案例中心，有效支撑我国相关专业学位课程案例教学，推动专业学位研究生培养模式改革创新。[6]案例中心不仅向案例编写教师提供经费支持、举办优秀案例评选活动、召开案例编写研讨会、出版优秀案例集，提高案例编写者的积极性和入库案例质量；而且，案例中心还通过开展案例教学师资培训与研讨、开展案例教学现场观摩活动、开发优秀案例课程视频、举办案例大赛等活动提高案例教学水平，推动案例教学的开展。如果有一个机构，能在一定范围内征集、分析与认定学校改进最佳实践案例，并建立一种相互学习、共同成长的案例推广机制，向更多学校推广最佳实践中的核心经验，让学校不再重复探索，而是在充分借鉴他人有益经验的基础上改进学校工作，将会有力地推动我国学校教育事业的整体发展。

参考文献

[1] 孔杰，程寨华. 标杆管理理论述评[J]. 东北财经大学学报，2004，（2）：3-7.

[2] 李学昌. 构建以职业能力训练为导向的案例教学体系——华东师范大学MBA教育综合改革试点工作特色成果与经验总结[J]. 学位与研究生教育，2013，（11）：11-15.

[3] 张家军，靳玉乐. 论案例教学的本质与特点[J]. 中国教育学刊，2004，（1）：48-50.

[4] 史美兰. 体会哈佛案例教学 [J]. 国家行政学院学报, 2005, (2): 84-86.

[5] Harvard Business School. *Characteristics of Effective Case Teaching*[EB/OL]. https://www.hbs.edu/teaching/Documents/Characteristics-Effective-Case-Teaching.pdf, (2005) [2020-11-18].

[6] 中国专业学位案例中心. 中国专业学位案例中心介绍 [EB/OL].https://case.cdgdc.edu.cn/list/enterList.do?columnId=402881e646f61c660146f640c7680004, (2019) [2020-10-22].